Tycho Mommsen

Griechische Formenlehre

Programm des städtischen Gynasiums

Tycho Mommsen

Griechische Formenlehre
Programm des städtischen Gynasiums

ISBN/EAN: 9783744655194

Hergestellt in Europa, USA, Kanada, Australien, Japan

Cover: Foto ©Paul-Georg Meister /pixelio.de

Weitere Bücher finden Sie auf **www.hansebooks.com**

Programm

des

städtischen Gymnasiums

zu

Frankfurt a. M.

Ostern 1883.

Griechische Formenlehre. Schulnachrichten. Vom Director

Frankfurt a. M.
Druck von Mahlau & Waldschmidt.
1883.

1883. Progr. Nr. 354.

Durch den veränderten Normalplan ist kein Gegenstand des Gymnasial-Unterrichts stärker berührt worden, als der ihm von allen am meisten eigentümliche, das Griechische. Dadurch, dafs dies fortan ein Jahr später beginnt, wird der Unterricht in einer Sprache, welche doch verhältnismäfsig die schwerste ist, die überhaupt im Gymnasium gelehrt wird, erheblich beschränkt, und es wird dadurch erschwert, gute Endleistungen darin zu erzielen. Dafs die in Tertia und Sekunda zugelegte eine wöchentliche Mehrstunde (7 statt 6) für diesen Verlust keinen ausreichenden Ersatz biete, ist die Ansicht der meisten Schulmänner und wird im ganzen durch unsre Erfahrungen bestätigt. Das Frankfurter Gymnasium hatte früher 7 Stunden Griechisch wöchentlich in allen Klassen, namentlich auch in Prima. Wir haben seit Ostern 1876, wo die bisher geltende Normalzahl von 6 Stunden eingeführt wurde, keine erhebliche Abnahme in den Leistungen verspürt, aufser im Umfang der Lektüre. Dagegen haben wir oft bemerkt, dafs Schüler, die nach einer kürzeren Vorbereitungszeit im Griechischen, als sie bisher auf preufsischen Gymnasien gestattet war, in unsre Sekunda oder Prima eintraten, nicht nur im Griechisch-Schreiben, sondern auch in der Vokabelkunde und in der Sicherheit und Leichtigkeit des Verständnisses der Schriftsteller hinter ihren länger vorbereiteten Mitschülern zurückstanden. Es ist zu vermuten, dafs andre preufsische Gymnasien dieselbe Erfahrung gemacht haben. Da nun der Ministerialerlafs vom 31. März v. J. „eine nach dem Mafse der verfügbaren Zeit umfassende Lektüre des Bedeutendsten aus der klassischen poetischen und prosaischen Litteratur, welche geeignet ist, einen bleibenden Eindruck von dem Werte der griechischen Litteratur und von ihrem Einflufs auf die Entwicklung der andern Litteraturen hervorzubringen" als die hauptsächlichste Aufgabe des griechischen Unterrichts betont — und jeder, der die griechische Litteratur kennt, wird dem Herrn Minister für diese Hervorhebung danken —, haben wir die Mittel, durch welche dies Ziel trotz der verkürzten Lehrzeit zu erreichen ist, reiflich zu erwägen gehabt.

Wir gingen von dem Gedanken aus, dafs niemand eine Sprache verstehen kann ohne eine Kenntnis ihrer Formen und ihres Satzbaus und ein umfassendes Wissen ihrer Wortbedeutungen. Am wenigsten kann dies bei einer alten Sprache geschehen; in keins der beiden klassischen Idiome kann man sich weder hineindämmern noch, da die Völker verschwunden sind, die sie sprachen, hineinparlieren. Es bedarf also einer genauen grammatischen Grundlage, um zu einem einigermafsen befriedigenden Verständnis der Schriftsteller zu gelangen. Für diese Grundlage ist in Obersekunda der Abschlufs zu gewinnen, daher denn in folgerichtigster Weise das dafür entscheidende Scriptum der Abiturienten-Prüfung abgenommen und auf den Übergang von Obersekunda nach Unterprima verlegt ist. Die noch den Schreibübungen gewidmete eine wöchentliche Stunde in Prima hat offenbar nur den Zweck, das grammatische Gewissen für das Verständnis der Lektüre rege zu halten, da dieses leicht ohne jenes unsicher wird. Wir behalten also den bisherigen Lehrgang insoweit unverändert bei, dafs wir die Syntax als die der Mittelstufe (Unter- und Obersekunda) angehörige Hauptaufgabe bestehen lassen, die Formenlehre aber der untersten Stufe (Unter- und Ober-Tertia) zuweisen. Wenn nun in diesen

1*

ersten vier Jahren an grammatischer Sicherheit ungefähr dasselbe erreicht werden soll wie vordem in den ersten fünf Jahren, und weder die Erwerbung eines ansehnlichen Wortschatzes noch die Praxis des Verständnisses (namentlich die des Homer in Sekunda) — die doch jetzt gerade mehr noch als früher auch auf den beiden niederen Stufen gefördert werden müssen — erheblich darunter leiden sollen, so ist die Vereinfachung des grammatischen Lehrstoffes unbedingt notwendig. Auf diese also glaubten wir zuvörderst unser Augenmerk richten zu müssen.

Zunächst handelte es sich um Verkürzung und Vereinfachung der Formenlehre. Es wurde also in einer Reihe von Konferenzen der Fachlehrer dieser Teil der Kochschen Grammatik durchberaten und alles gestrichen, was etwa entbehrlich schien. Im Verlaufe der Debatten machten sich so manche berechtigte Wünsche für Änderungen und Umstellungen geltend, dafs wir einsahen, dafs es mit dem blofsen Streichen nicht gethan sei. Wir hätten bei einer so gründlichen Umwandlung die Schülerexemplare der Kochschen Grammatik in einen so chaotischen Zustand versetzen müssen, dafs sie mehr ein Hindernis als ein Hilfsmittel des Unterrichts gewesen wäre und wir dann lieber ganz ohne Schulbuch unterrichtet hätten. So entstand der Gedanke, eine Umarbeitung des ersten Teils der Kochschen Formenlehre für unsre nächsten Schüler als Manuskript drucken zu lassen. Aber dadurch würde dem einzelnen Unter-Tertianer sein Exemplar sehr teuer geworden sein. Auch schien es uns wünschenswert, dafs anderen Gymnasien diese Verkürzung zur Kunde käme. Ich machte daher den Vorschlag, die von mir versprochenen „Bemerkungen zu Horaz" für dies Jahr zurückzustellen und statt derselben diese Umarbeitung als Programm-Abhandlung erscheinen zu lassen. Hiemit war beides erreicht, sowohl unsre nächstbeteiligten Schüler kostenfrei zu halten als zur Lösung der ganzen Frage unsererseits einen bescheidenen Beitrag zu liefern, ohne doch ein neues verkäufliches Schulkompendium herauszugeben. Denn wir betrachten das hier Gegebene nur als einen Versuch, dessen praktische Erfolge wir einige Jahre beobachten wollen, um zu sehen, was daran noch vermifst wird, und dann zu entscheiden, ob wir eins der vermutlich inzwischen erschienenen Kompendien annehmen oder selbst ein neues ausarbeiten wollen. Wir gedenken im nächsten Osterprogramm (falls unsre Patronatsbehörde es erlaubt) den zweiten Teil der Formenlehre (für Ober-Tertia) in derselben Weise folgen zu lassen. Der Herr Verfasser und der Herr Verleger haben sich mit diesem halböffentlichen Erscheinen unsrer Umarbeitung einverstanden erklärt.

Teilnehmer an den unter Vorsitz des Unterzeichneten beratenden Konferenzen, aus welchen diese Arbeit hervorgegangen ist, waren sämtliche Lehrer, die an unsrer Schule mit der griechischen Grammatik zu thun haben, nämlich die Herren Dr. Trieber und Dr. Reufs (in Quarta), Dr. Trommershausen und Dr. Römer (in Unter-Tertia), Dr. Cuers und Oberl. Dr. Berch (in Ober-Tertia), Dr. Wirth und Oberl. Gillhausen (in Unter-Sekunda), Oberl. Dr. Reinhardt (in Ober-Sekunda und Unter-Prima). Die Ausarbeitung dieses Teils übernahm Herr Dr. Trieber, die des folgenden Herr Dr. Römer. Ich kann am Schlufs dieser Zeilen nicht umhin, den genannten Herren für die aufopfernde Hingabe, die sie dieser mühsamen Arbeit gewidmet haben, im Namen unsrer Anstalt herzlichen Dank zu sagen.

Frankfurt a. M. den 12. Februar 1883.

Tycho Mommsen.

Griechische Formenlehre.

I. Teil. (Für Unter-Tertia).

1. Lautlehre.

§ 1. Alphabet.

Das griechische Alphabet besteht aus folgenden 24 Buchstaben:

A	α	a (kurz oder lang)	alpha	ἄλφα
B	β	b	bēta	βῆτα
Γ	γ	g	gamma	γάμμα
Δ	δ	d	delta	δέλτα
E	ε	ĕ (kurz)	ĕpsilon	ἒ ψιλόν
Z	ζ	ds	dsēta	ζῆτα
H	η	ē (lang)	ēta	ἦτα
Θ	ϑ	th	thēta	ϑῆτα
I	ι	i (kurz oder lang)	īota	ἰῶτα
K	κ	k	kappa	κάππα
Λ	λ	l	lambda	λάμβδα
M	μ	m	my	μῦ
N	ν	n	ny	νῦ
Ξ	ξ	x	xi	ξῖ
O	ο	ŏ (kurz)	ŏmikron	ὂ μικρόν
Π	π	p	pi	πῖ
P	ϱ	r	rho	ῥῶ
Σ	σ, ς	f, s	sigma	σίγμα
T	τ	t	tau	ταῦ
Υ	υ	ü (kurz oder lang)	ypsilon	ὖ ψιλόν
Φ	φ	ph	phi	φῖ
X	χ	ch	chi	χῖ
Ψ	ψ	ps	psi	ψῖ
Ω	ω	ō (lang)	ōmĕga	ὦ μέγα

Bei den Konsonanten unterscheidet man mutae, liquidae und spirans (σ).

a) Die mutae sind entweder P-Laute (β, π, φ) oder K-Laute (γ, κ, χ) oder T-Laute (δ, τ, ϑ).

b) β, γ, δ sind mediae (weich), π, κ, τ sind tenues (hart), φ, χ, ϑ sind aspiratae (gehaucht).

c) Liquidae sind λ, μ, ν, ϱ.

Anm. ι ist stets Vokal, z. B. 'Ιωνία Ionia (nicht Jo-nia); τ wird nie wie x gesprochen, z. B. Γαλατία Galatia (nicht Galazia); σζ wird getrennt ausgesprochen, z. B. Μόσχος Mos-chos (nicht Mo-schos); γ vor κ γ χ ξ entspricht dem deutschen n in Engel, z. B. ἄγγελος angelos, Σφίγξ Sphinx.

§ 2. Diphthonge.

1. Eigentliche Diphthonge sind:

αι   ει   οι   υι
αυ   ευ   ου

z. B. Αἰνείας, Ταῦρος, Εὔβοια (Euboea), Μοῦσα, μυῖα (Fliege).

Anm. Zwei Punkte über einem Vokal deuten an, dafs er mit dem vorhergehenden Vokal nicht zusammenzulesen ist (puncta diaereseos, Trennungspunkte), z. B. πραΰνω, ἀΐδιος, ἔϋνος.

2. Uneigentliche Diphthonge sind:

Αι, Ηι, Ωι, ᾳ, ῃ, ῳ.

Das iota subscriptum (adscriptum) wird nicht ausgesprochen, z. B. ᾠδή (Ode).

§ 3. Spiritus asper und Spiritus lenis.

1. Jedes Wort, das mit einem Vokal oder Diphthong beginnt, ist mit dem spiritus lenis ᾽ versehen, z. B. Ἀθῆναι Athen, ἀδολέσχης. Das Π wird durch den spir. asper ῾ ausgedrückt, z. B. ἱστορία Historia.

Anm. Schreib ἄγγελος (Bote), Ἄτταλος (Attalus), οἶκος (Haus), Εὐρώπη (Europa), Αἰνείας (Aeneas), aber Ἅιδης (Hades); (ἰσείναι — ἰν-είναι oder — ἰν-εί-ναι).

2. Jedes anlautende ρ erhält den spir. asper, z. B. ῥήτωρ (rhētor), Ῥόδος (Rhodus); bei doppeltem ρ im Innern eines Wortes wird gewöhnlich das erste ρ mit spir. lenis, das zweite mit spir. asper versehen, z. B. Πύῤῥος (Pyrrhus).

§ 4. Silbenabteilung.

1. Ein einzelner Konsonant zwischen zwei Vokalen gehört zum zweiten Vokale, z. B. φυ-γή, ὄ-φις.

2. Muta cum liquida (λ μ ν ρ) gehören zusammen zum folgenden Vokale; von allen andern aus zwei Konsonanten bestehenden Gruppen gehört der erste zum vorhergehenden und nur der zweite zum folgenden Vokale; z. B. πα-τρός, ὅ-πλον, τε-θνᾶσι, ἀρι-θμός, aber μόσ-χος, ἐκ-τός, ἰχ-θύς, ἀμ-νός, ἄρ-μα, ἵπ-πος.

3. Wörter, die mit Präpositionen zusammengesetzt sind, teilt man nach ihren Bestandteilen; z. B. ἐξ-οδος, ἐξ-άγω, ἐν-έχομαι.

§ 5. Interpunktion.

Komma und Punkt werden ebenso geschrieben wie im Deutschen. Das Fragezeichen hat die Gestalt unseres Semikolons (;). Ein Punkt oberhalb der Linie (·) bedeutet ein Kolon.

§ 6. Betonung.

1. Die betonte Silbe hat entweder den Akut ᾽ oder den Cirkumflex ῀ über dem Vokale (bei einem Diphthonge über dem zweiten Vokale) der betonten Silbe, z. B. νίκη, ταῦρος (taurus).

2. Der Akut kann auf kurzen und langen Silben, der Cirkumflex nur auf solchen Silben stehen, die von Natur lang sind.

Anm. Eine Silbe ist von Natur lang, wenn sie einen langen Vokal oder einen Diphthong enthält; sie ist durch Position lang, wenn dem kurzen Vokale mehrere Konsonanten oder ein Doppelkonsonant folgen; muta cum liquida machen gewöhnlich nicht Position.

3. Der Akut kann nur auf einer der drei letzten, der Cirkumflex nur auf einer der beiden letzten Silben stehen. Z. B. ὦ Ἀγάμεμνον, δῶρον, εὔνοια.

4. Der Akut kann nur dann auf der drittletzten (antepaenultima), der Cirkumflex nur dann auf der vorletzten (paenultima) Silbe stehen, wenn die letzte (ultima) kurz ist. Z. B. ἄνθρωπος (Mensch), θάλαττα (Meer), aber ἀνθρώπου (des Menschen), θαλάττης (des Meeres); δῶρον (Geschenk), aber δώρου (des Geschenkes).

5. Ist die letzte Silbe kurz, so muss die vorletzte den Cirkumflex haben, wenn sie von Natur lang und betont ist, z. B. Μοῦσα, δῶρον, μυῖα.

6. Die Endsilben αι und οι gelten für den Accent als kurz, z. B. ἄνθρωποι (Menschen), χῶραι (Länder).

7. Benannt werden die Wörter nach ihrer Betonung in folgender Weise:

Oxytona (Akut auf der ultima . . . . .) z. B. τιμή (Ehre)
Paroxytona (Akut auf der paenultima . .) z. B. χώρα (Land)
Proparoxytona (Akut auf der antepaenultima) z. B. ἄνθρωπος, θάλαττα
Perispomena (Cirkumflex auf der ultima . .) z. B. τιμῶν (der Ehren)
Properispomena (Cirkumflex auf der paenultima) z. B. χῶραι

Die Paroxytona, Proparoxytona, Properispomena nennt man auch Barytona.

8. Anstatt des Akutes wird innerhalb des Satzes der Gravis ` gesetzt; z. B. πιστός (treu), aber ὁ πιστὸς ἄνθρωπος.

Ausn. τίς; τί; (wer? was?) behalten stets den Akut.

9. Merke οἶκος, οἴκου (des Hauses), Ὅμηρος (Homer), Ἦλις (Elis), Ἅιδης. ἔδης, ᾔειτο — ᾤετο, κραῦνα, κραῦναι, εὔκνος, ἐγώ ἤ σύ (ich oder du).

§ 7. Atona.

Atona (ton- oder accentlos) sind folgende zehn einsilbige Wörter:
1. die Nominative des Artikels ὁ ἡ οἱ αἱ,
2. die Präpositionen ἐν (= in c. Abl.), εἰς oder ἐς (= in c. Acc.), ἐκ oder ἐξ (ex),
3. die Konjunktionen εἰ (wenn, ob), ὡς (wie),
4. die Negation οὐκ, οὐχ, οὐ (nicht).

§ 8. Encliticae.

1. Encliticae (sich anlehnende Wörter) sind:
a) Die Pronomina personalia μου, μοι, με, σου, σοι, σε.
b) Das Pronomen indefinitum τις, τι (aliquis, aliquid) in allen Kasus sowie die Adverbia indefinita που, ποι, ποθέν, ποτέ, πως, πη.
c) Der Indic. Praes. von εἰμί (ich bin) und φημί (ich sage) in allen zweisilbigen Formen.
d) Die Partikeln γε (quidem), τε (que), περ (eben) und das untrennbare δε (hin, da).

2. a) Nach einem Oxytonon oder Perispomenon verliert die Enclitica ihren Accent; das Oxytonon behält dabei den Akut. Z. B. καλόν ἐστιν (pulchrum est), τιμῶ σε (honoro te), χωρῶν τινων (terrarum aliquarum).

b) Nach einem Proparoxytonon oder Properispomenon wirft die Enclitica ihren Accent als Akut auf die Endsilbe desselben, so dafs dieses Wort alsdann zwei Accente hat. Z. B. ἄνθρωπός τις (irgend ein Mensch), ἄνθρωπός εἰμι (homo sum), δῶρόν τι, πολῖταί ἐσμεν (cives sumus).

c) Nach einem Paroxytonon verliert nur die einsilbige Enclitica ihren Accent, die zweisilbige behält ihn. Z. B. χώρα τις (irgend ein Land), ἡ μήτηρ μου (meine Mutter), μάχαι εἰσίν (pugnae sunt), ὁ λόγος τινῶν (die Rede einiger).

d) Folgt eine Enclitica auf ein andres enklitisches Wort oder auf ein Atouon, so erhält diesen den Akut; z. B. εἴ τίς ἐστιν (si quis est), einzeln εἴ — τις — ἐστίν, εἴ πού τί ποθεν.

Anm. Wenn der Endvokal des vorhergehenden Wortes elidiert ist, so behält die Enclitica ihren Accent (ist orthotoniert); Z. B. πολλοὶ δ' εἰσίν (multi autem sunt); ebenso οἷός τ' εἰμί statt οἷός τί εἰμι (ich bin imstande).

§ 9. Veränderungen der Vokale.

1. Kontraktion. Wenn in demselben Worte zwei oder drei Vokale zusammentreffen, so werden sie in vielen Fällen in einen einzigen langen Laut zusammengezogen oder kontrahiert.

Anm. Eine kontrahierte Silbe hat den Cirkumflex, wenn die erste, dagegen den Akut, wenn die zweite der zu kontrahierenden Silben betont war; z. B. τιμᾶτε aus τιμάετε, τιμᾶσθε aus τιμαέσθε, τιμᾷ aus τιμάει, ναῖς aus νάϊς.

2. Die Elision findet gewöhnlich statt:

a) bei den Präpositionen, aufser bei πρό (vor), περί (um); z. B. ὑπ' ἀνθρώπου, aber περὶ ἀνθρώπου;

b) bei vielen Partikeln, wie bei ἅμα (zugleich), ἵνα (damit), ἀλλά (sed), δέ (autem), τε (que), τότε (tum), ὅτε (cum, als), ἔτι (noch); doch nie bei ὅτι (dafs, weil).

Nicht elidiert werden υ und das α, ι, ο in einsilbigen Wörtern.

3. Wird der Endvokal mit dem anlautenden Vokale des nächsten Wortes zusammengezogen, so nennt man dies Krasis; ihr Zeichen ist die Koronis (᾿—). Sie tritt am häufigsten ein:

a) beim Artikel,
b) bei der Präposition πρό (vor),
c) bei der Konjunktion καί (und).

Z. B. τοὔνομα statt τὸ ὄνομα (der Name), τἀληθές statt τὸ ἀληθές (das Wahre), ἁνήρ (ohne Koronis!) statt ὁ ἀνήρ (der Mann), κἄπειτα statt καὶ ἔπειτα (und darauf), χἄτα statt καὶ εἶτα (und darauf), κἄν statt καὶ ἐν (und in), κἄν statt καὶ ἐάν (und wenn).

§ 10. Von den Aspiraten.

1. Eine auslautende tenuis mufs in die verwandte aspirata übergehen, wenn die folgende Silbe mit spiritus asper anlautet.

Z. B. οὐχ οὗτος (nicht dieser)   anstatt οὐκ οὗτος,
   ὑφ' ἡμῶν (von uns)   „ ὑπ' ἡμῶν,
   καθ' ἡμέραν (bei Tag)   „ κατ' ἡμέραν,
   νύχθ' ὅλην (die ganze Nacht hindurch)   „ νύκτ' ὅλην,
   ἔφοδος (Zugang)   „ ἐκ' ὁδός,
   ἐφθήμερος (siebentägig)   „ ἐπτ' ἡμερος.

2. Bei den einsilbigen mit τ anlautenden und mit φ oder χ auslautenden Stämmen geht das τ in θ über, sobald die aspirata in der Flexion verschwindet.

Stamm τριχ, Nom. Sing. θρίξ (Haar), Gen. τριχός. Dat. Pl. θριξί(ν).
„ ταχ(υ), „ „ ταχύς (schnell), Komp. θάττων.
„ ταφ, Präs. θάπτω (begrabe), Fut. θάψω, Aor. II. P. ἐτάφην.
„ τριφ, „ τρίφω, (nähre), „ θρίψω, „ „ ἐτράφην.
„ τρυφ, „ θρύπτω (zerreibe, verweichliche), τρυφή Weichlichkeit.

§ 11. Endkonsonanten.

1. Kein griechisches Wort lautet auf einen andern Konsonanten aus, als auf ν ρ ς (ξ ψ). Merkwort Νηρεύς.

2. Das ν ἐφελκυστικόν tritt ein vor vokalisch anlautenden Wörtern und vor gröſseren Interpunktionen; und zwar

1. im Dat. Plur. auf σι(ν),
2. in der 3. Plur. und Sing. auf σι(ν),
3. bei den Ortsbestimmungen auf σι(ν), z. B. 'Αθήνησι-σι(ν) (zu Athen),
4. in der 3. Sing. auf ε(ν).
5. bei εἴκοσι(ν) (zwanzig) und παντάχασι(ν) (gänzlich).

Z. B. ἔλεγεν ὁ ἄνθρωπος (dixit homo), εἴκοσιν ἄνθρωποι, aber εἴκοσι δῶρα, 'Αθήνησιν ἀνήρ τίς ἐστιν (Athenis vir quidam est).

3. a) Die Form ἐκ (aus) steht vor Konsonanten, ἐξ vor Vokalen.
   b) die Form οὐκ (nicht) steht vor Vokalen mit spir. lenis, οὐχ vor Vokalen mit spir. asper, οὐ dagegen vor Konsonanten.
   c) οὕτως (so) steht vor Vokalen, οὕτω nur vor Konsonanten.

Z. B. ἐκ τούτων, ἐκχέω, ἐξ ἐπιβουλῆς, ἐξάγω, οὐκ ὀλίγος, οὐχ ἥκιστα, οὐ πολύς, οὐ ῥᾴδιος, οὕτως ἐστίν. οὗτος ἦν καλὸς μέν, μέγας δ' οὔ (Accent!)

2. Flexionslehre.

§ 12. Deklination.

1. Der Accent bleibt, soweit es die allgemeinen Accentgesetze erlauben, auf der Silbe, auf welcher ihn der Nominativ hat.

2. Alle Genitive und Dative, welche die letzte Silbe lang und betont haben, sind Perispomena (die übrigen Kasus aber im gleichen Falle Oxytona).

§ 13. Erste Deklination.

(A-Deklination.)

		μάχη (Kampf) Stamm: μαχα	τιμή (Ehre) τιμα	στρατιά (Heer) στρατια	νίκη (Sieg) νικα
Sing.	N.	ἡ μάχη	τιμή	στρατιά	νίκη
	G.	τῆς μάχης	τιμῆς	στρατιᾶς	νίκης
	D.	τῇ μάχῃ	τιμῇ	στρατιᾷ	νίκῃ
	A.	τὴν μάχην	τιμήν	στρατιάν	νίκην
	V.	ὦ μάχη	τιμή	στρατιά	νίκη
Plur.	N.	αἱ μάχαι	τιμαί	στρατιαί	νῖκαι
	G.	τῶν μαχῶν	τιμῶν	στρατιῶν	νικῶν
	D.	ταῖς μάχαις	τιμαῖς	στρατιαῖς	νίκαις
	A.	τὰς μάχᾱς	τιμάς	στρατιάς	νίκᾱς
	V.	ὦ μάχαι	τιμαί	στρατιαί	νῖκαι
D. N. A. V.		τὼ μάχᾱ	τιμά	στρατιά	νίκα
G. D.		τοῖν μάχαιν	τιμαῖν	στρατιαῖν	νίκαιν

		χώρᾱ (Land) Stamm: χωρα	γέφυρᾱ (Brücke) γιφυρα	Μοῦσᾱ (Muse) Μουσα	θάλαττᾱ (Meer) θαλαττα
Sing.	N.	ἡ χώρᾱ	γέφυρᾱ	Μοῦσά	θάλαττᾱ
	G.	τῆς χώρᾱς	γιφύρᾱς	Μούσης	θαλάττης
	D.	τῇ χώρᾳ	γιφύρᾳ	Μούσῃ	θαλάττῃ
	A.	τὴν χώρᾱν	γέφυρᾱν	Μοῦσᾱν	θάλατταν
	V.	ὦ χώρα	γέφυρα	Μοῦσά	θάλαττᾱ
Plur.	N.	αἱ χῶραι	γέφυραι	Μοῦσαι	θάλατται
	G.	τῶν χωρῶν	γιφυρῶν	Μουσῶν	θαλαττῶν
	D.	ταῖς χώραις	γιφύραις	Μούσαις	θαλάτταις
	A.	τὰς χώρᾱς	γιφύρᾱς	Μούσᾱς	θαλάττᾱς
	V.	ὦ χῶραι	γέφυραι	Μοῦσαι	θάλατται

		ἀδολέσχης (Schwätzer) Stamm: ἀδολεσχα	πολίτης (Bürger) πολιτα	Πέρσης (Perser) Περσα	νεανίας (Jüngling) νεανια
Sing.	N.	ὁ ἀδολέσχης	πολίτης	Πέρσης	νεανίᾱς
	G.	τοῦ ἀδολέσχου	πολίτου	Πέρσου	νεανίου
	D.	τῷ ἀδολέσχῃ	πολίτῃ	Πέρσῃ	νεανίᾳ
	A.	τὸν ἀδολέσχην	πολίτην	Πέρσην	νεανίᾱν
	V.	ὦ ἀδολέσχη	πολῖτᾰ	Πέρσᾰ	νεανίᾱ
Plur.	N.	οἱ ἀδολέσχαι	πολῖται	Πέρσαι	νεανίαι
	G.	τῶν ἀδολεσχῶν	πολιτῶν	Περσῶν	νεανιῶν
	D.	τοῖς ἀδολέσχαις	πολίταις	Πέρσαις	νεανίαις
	A.	τοὺς ἀδολέσχᾱς	πολίτᾱς	Πέρσᾱς	νεανίᾱς
	V.	ὦ ἀδολέσχαι	πολῖται	Πέρσαι	νεανίαι

1. Die Substantiva auf α und η sind Feminina, die auf ας und ης Masculina.
2. Der Plural und Dual ist bei allen Wörtern der I. Dekl. gleich.
3. Der Gen. Plur. ist immer Perispomenon (ῶν).
4. Endet der Nom. Sing. auf η, so bleibt dasselbe durch den ganzen Singular. Endet der Nom. Sing. aber auf α, so bleibt das α zwar immer im Acc.und Vok. Sing., dagegen im Gen. und Dat. Sing. nur dann, wenn ein Vokal oder ein ρ vorhergeht (στρατιά, στρατιᾶς; χώρα, χώρας); sonst geht es in η über (θάλαττα, θαλάττης).
5. Der Gen. Sing. der Masculina geht auf ου aus.

Anm. Einige Eigennamen auf ας sowie βοῤῥᾶς (boreas), bilden den dorischen Genitiv auf ᾶ; z. B. Ἀννίβας (Hannibal), Gen. Ἀννίβᾶ, βοῤῥᾶ.

6. Der Vok. Sing. der Wörter auf ας hat ά, z. B. ὦ Αἰνεία; dagegen haben ᾱ die Wörter auf της und die Völkernamen auf ης; z. B. ὦ πολῖτα, Πέρσα. Alle andern Wörter auf ης haben η, z. B. ὦ ἀδολέσχη, Πέρση (o Perses), Ἀριστείδη (o Aristides).

Anm. Merke ὦ δέσποτα, Nom. ὁ δισπότης (Herr).

7. Quantität. Die Endsilbe ας ist in der 1. Deklination stets lang. Hingegen ist die Quantität des α im Acc. Sing. dieselbe wie im Nom. Sing.; χώραν von χώρᾱ, aber Μοῦσᾰν von Μοῦσᾰ.

§ 14. Zweite Deklination.
(O-Deklination.)

		ὁ ἄνθρωπος (der Mensch) Stamm: ἀνθρωπο	ἡ ὁδός (der Weg) ὁδο	τὸ δῶρον (das Geschenk) δωρο
Sing.	N.	ὁ ἄνθρωπος	ἡ ὁδός	τὸ δῶρον
	G.	τοῦ ἀνθρώπου	τῆς ὁδοῦ	τοῦ δώρου
	D.	τῷ ἀνθρώπῳ	τῇ ὁδῷ	τῷ δώρῳ
	A.	τὸν ἄνθρωπον	τὴν ὁδόν	τὸ δῶρον
	V.	ὦ ἄνθρωπε	ὦ ὁδέ	ὦ δῶρον
Plur.	N.	οἱ ἄνθρωποι	αἱ ὁδοί	τὰ δῶρᾰ
	G.	τῶν ἀνθρώπων	τῶν ὁδῶν	τῶν δώρων
	D.	τοῖς ἀνθρώποις	ταῖς ὁδοῖς	τοῖς δώροις
	A.	τοὺς ἀνθρώπους	τὰς ὁδούς	τὰ δῶρᾰ
	V.	ὦ ἄνθρωποι	ὦ ὁδοί	ὦ δῶρᾰ
Dual.	N.	τὼ ἀνθρώπω	τὼ ὁδώ	τὼ δώρω
	G.	τοῖν ἀνθρώποιν	τοῖν ὁδοῖν	τοῖν δώροιν

Die Substantiva auf ος sind männlich, die auf ον sächlich.

Ausnahmen sind die Feminina ἡ παρθένος die Jungfrau, ἡ ἄμπελος der Weinstock, ἡ Αἴγυπτος Ägypten, ἡ Μίλητος Milet, sowie alle Länder- und Städtenamen auf ος. Besonders zu merken sind: ἡ νῆσος die Insel, ἡ νόσος die Krankheit, ἡ ὁδός der Weg, nebst Kompositen (ἄφοδος, ἔφοδος, ἔξοδος), ἡ τάφρος der Graben, ἡ βίβλος das Buch, ἡ ψῆφος der Stimmstein, sowie mehrere substantivierte Adjectiva, wie ἡ ἤπειρος (γῆ) das Festland, ἡ διάλεκτος (φωνή) die Redeweise, ἡ σύγκλητος (βουλή) der Senat.

Anm. Merke ὁ ἀδελφός, Nom. ὁ ἀδελφός (Bruder).

2*

§. 15. Adjectiva erster und zweiter Deklination.

		Masc.	Fem.	Neutr.
Sing.	N.	πιστός	πιστή	πιστόν (treu)
	G.	πιστοῦ	πιστῆς	πιστοῦ
	D.	πιστῷ	πιστῇ	πιστῷ
	A.	πιστόν	πιστήν	πιστόν
	V.	πιστέ	πιστή	πιστόν
Pl. N.	V.	πιστοί	πισταί	πιστά
	G.	πιστῶν	πιστῶν	πιστῶν
	D.	πιστοῖς	πισταῖς	πιστοῖς
	A.	πιστούς	πιστάς	πιστά
Dual.	N.	πιστώ	πιστά	πιστώ
	G.	πιστοῖν	πισταῖν	πιστοῖν

		Masc.	Fem.	Neutr.
Sing.	N.	δίκαιος	δικαία	δίκαιον (gerecht)
	G.	δικαίου	δικαίας	δικαίου
	D.	δικαίῳ	δικαίᾳ	δικαίῳ
	A.	δίκαιον	δικαίαν	δίκαιον
	V.	δίκαιε	δικαία	δίκαιον
Pl. N.	V.	δίκαιοι	δίκαιαι	δίκαιά
	G.	δικαίων	δικαίων	δικαίων
	D.	δικαίοις	δικαίαις	δικαίοις
	A.	δικαίους	δικαίᾱς	δίκαιά
Dual.	N.	δικαίω	δικαία	δικαίω
	G.	δικαίοιν	δικαίαιν	δικαίοιν

1. Die Feminina haben η, nach ε, ι und ρ aber ᾱ.

2. Das Femininum der Adjectiva barytona hat im Nom. und Gen. Pl. den Accent auf derselben Silbe wie dieselben Kasus des Maskulinums, δίκαιαι und δικαίων (obwohl N. S. δικαία lautet).

§ 16. Contracta der ersten und zweiten Deklination.

'Αθηνᾶ (Minerva) γῆ (Erde)   Ἑρμῆς (Merkur)
Stamm: Ἀθηνᾶα — Ἀθηναα   γη — για   Ἑρμη — Ἑρμια

			Sing.	Plur.
Sing. N.	Ἀθηνᾶ	γῆ	Ἑρμῆς	Ἑρμαῖ (Hermen)
G.	Ἀθηνᾶς	γῆς	Ἑρμοῦ	Ἑρμῶν
D.	Ἀθηνᾷ	γῇ	Ἑρμῇ	Ἑρμαῖς
A.	Ἀθηνᾶν	γῆν	Ἑρμῆν	Ἑρμᾶς
V.	Ἀθηνᾶ	γῆ	Ἑρμῆ	Ἑρμαῖ

ὁ πλοῦς (die Fahrt zu Schiffe)   τὸ ὀστοῦν (der Knochen)
   Stamm: πλοο   ὀστιο

	Sing.	Plur.	Sing.	Plur.
N.	ὁ πλοῦς	οἱ πλοῖ	τὸ ὀστοῦν	τὰ ὀστᾶ
G.	τοῦ πλοῦ	τῶν πλῶν	τοῦ ὀστοῦ	τῶν ὀστῶν
D.	τῷ πλῷ	τοῖς πλοῖς	τῷ ὀστῷ	τοῖς ὀστοῖς
A.	τὸν πλοῦν	τοὺς πλοῦς	τὸ ὀστοῦν	τὰ ὀστᾶ

χρυσοῦς χρυσῆ χρυσοῦν   ἀργυροῦς ἀργυρᾶ ἀργυροῦν
Stamm: χρυσεο   (golden)   ἀργυρεο (silbern)

	M.	F.	N.	M.	F.	N.
S. N.	χρυσοῦς	χρυσῆ	χρυσοῦν	ἀργυροῦς	ἀργυρᾶ	ἀργυροῦν
G.	χρυσοῦ	χρυσῆς	χρυσοῦ	ἀργυροῦ	ἀργυρᾶς	ἀργυροῦ
D.	χρυσῷ	χρυσῇ	χρυσῷ	ἀργυρῷ	ἀργυρᾷ	ἀργυρῷ
A.	χρυσοῦν	χρυσῆν	χρυσοῦν	ἀργυροῦν	ἀργυρᾶν	ἀργυροῦν
Pl. N.	χρυσοῖ	χρυσαῖ	χρυσᾶ	ἀργυροῖ	ἀργυραῖ	ἀργυρᾶ
G.	χρυσῶν	χρυσῶν	χρυσῶν	ἀργυρῶν	ἀργυρῶν	ἀργυρῶν
D.	χρυσοῖς	χρυσαῖς	χρυσοῖς	ἀργυροῖς	ἀργυραῖς	ἀργυροῖς
A.	χρυσοῦς	χρυσᾶς	χρυσᾶ	ἀργυροῦς	ἀργυρᾶς	ἀργυρᾶ

εὔπλους, εὔπλουν (schiffbar)
    Stamm: εὐπλοο

	M. u. F.	N.		M. u. F.	N.
S. N.	εὔπλους	εὔπλουν	Pl. N.	εὔπλοι	εὔπλοα
G.	εὔπλου		G.	εὔπλων	
D.	εὔπλῳ		D.	εὔπλοις	
A.	εὔπλουν	εὔπλουν	A.	εὔπλους	εὔπλοα

1. a) Kontrahiert werden *oo* und *εο* in *ου*.

b) *ε* und *o* werden von jedem folgenden langen Vokal verschlungen.

c) *εα* wird in der ersten und zweiten Dekl. in *η* kontrahiert, aufser wenn *ε*, *ι* oder *ρ* vorhergeht. Das Neutrum Pluralis kontrahiert jedoch immer in *α*.

2. Adjectiva contracta sind:

a) die Adjectiva auf *ους*, welche Stoffe oder Farben bezeichnen,

b) die Multiplicativa auf *-πλους*,

c) die mit *πλους* (Schiffahrt), *νους* (Sinn), *ρους* (Strömung) zusammengesetzten Adjectiva.

3. Die Multiplicativa auf *-πλους* gehen nach *χρυσους*, also *άπλους* (einfach), *άπλη̃*, *άπλουν*. Nom. Plur. *άπλοι̃*, *άπλαι̃*, *άπλα̃*.

4. Die Composita von *πλους*, *νους*, *ρους* behalten den Accent auf der vorletzten Silbe, z. B. *περίπλους* (Umsegelung), Gen. *περίπλου*, *χειμάρρους* (Giessbach), Acc. Plur. *χειμάρρους*.

§ 17. Attische zweite Deklination.

	ὁ νεώς (der Tempel) Stamm: νεω	Μενέλεως (Menelaos) Μενελεω	ἵλεως (gnädig) ἱλεω	
S. N. V.	νεώς	Μενέλεως	ἵλεως	ἵλεων
G.	νεώ	Μενέλεω	ἵλεω	
D.	νεῴ	Μενέλεῳ	ἵλεῳ	
A.	νεών	Μενέλεων	ἵλεων	ἵλεων
Plur. N.	νεῴ		ἵλεῳ	ἵλεα
G.	νεών		ἵλεων	
D.	νεῴς		ἵλεῳς	
A.	νεώς		ἵλεως	ἵλεα

Anm. *ἵλεως* ist Adjektiv zweier Endungen; dreier Endungen aber ist *πλέως*, *πλέα*, *πλέων* (voll).

Für den Accent der Barytona gilt *εω* als einsilbig. Die Accentuation des Nom. Sing. wird durch alle Kasus beibehalten.

§ 18—21. Dritte Deklination.

§ 18. Liquida- und Mutastämme.

		ὁ ἅλς (sal)	ὁ θήρ (das wilde Tier)	ὁ ῥήτωρ (Redner)	ὁ ποιμήν (Hirt)	ὁ δαίμων (Gottheit)
	Stamm:	ἁλ	θηρ	ῥητορ	ποιμιν	δαιμον
Sing.	N.	ἅλ-ς	θήρ	ῥήτωρ	ποιμήν	δαίμων
	G.	ἁλ-ός	θηρ-ός	ῥήτορ-ος	ποιμέν-ος	δαίμον-ος
	D.	ἁλ-ί	θηρ-ί	ῥήτορ-ι	ποιμέν-ι	δαίμον-ι
	A.	ἅλ-α	θῆρ-α	ῥήτορ-α	ποιμέν-α	δαίμον-α
	V.	ἅλ-ς	θήρ	ῥῆτορ	ποιμήν	δαῖμον
Pl. N.	V.	ἅλ-ες	θῆρ-ες	ῥήτορ-ες	ποιμέν-ες	δαίμον-ες
	G.	ἁλ-ῶν	θηρ-ῶν	ῥητόρ-ων	ποιμέν-ων	δαιμόν-ων
	D.	ἁλ-σί(ν)	θηρ-σί(ν)	ῥήτορ-σι(ν)	ποιμέ-σι(ν)	δαίμο-σι(ν)
	A.	ἅλ-ας	θῆρ-ας	ῥήτορ-ας	ποιμέν-ας	δαίμον-ας
Dual.	N.	ἅλ-ε	θῆρ-ε	ῥήτορ-ε	ποιμέν-ε	δαίμον-ε
	G.	ἁλ-οῖν	θηρ-οῖν	ῥητόρ-οιν	ποιμέν-οιν	δαιμόν-οιν

		ὁ γέρων (Greis)	λυθείς (gelöst)			ἡ ἐλπίς (Hoffnung)
	Stamm:	γεροντ	λυθεντ			ἐλπιδ
			Masc.	Fem.	Neutr.	
S.	N.	γέρων	λυθεί-ς	λυθεῖσα	λυθέν	ἐλπί-ς
	G.	γέροντ-ος	λυθέντ-ος	λυθείσης	λυθέντ-ος	ἐλπίδ-ος
	D.	γέροντ-ι	λυθέντ-ι	λυθείσῃ	λυθέντ-ι	ἐλπίδ-ι
	A.	γέροντ-α	λυθέντ-α	λυθεῖσαν	λυθέν	ἐλπίδ-α
	V.	γέρον	λυθεί-ς	λυθεῖσα	λυθέν	ἐλπίς u. ἐλπί
Pl. N.	V.	γέροντ-ες	λυθέντ-ες	λυθεῖσαι	λυθέντ-α	ἐλπίδ-ες
	G.	γερόντ-ων	λυθέντ-ων	λυθεισῶν	λυθέντ-ων	ἐλπίδ-ων
	D.	γέρου-σι(ν)	λυθεῖ-σι(ν)	λυθείσαις	λυθεῖ-σι(ν)	ἐλπί-σι(ν)
	A.	γέροντ-ας	λυθέντ-ας	λυθείσας	λυθέντ-α	ἐλπίδ-ας

		ἡ ἔρις (Streit)	τὸ σῶμα (Leib)	ὁ φύλαξ (Wächter)	ἡ σάλπιγξ (Trompete)	ὁ Ἄραψ (Araber)
	Stamm:	ἐριδ	σωματ	φυλακ	σαλπιγγ	Ἀραβ
Sing.	N.	ἔρι-ς	σῶμα	φύλα-ξ	σάλπιγ-ξ	Ἄρα-ψ
	G.	ἔριδ-ος	σώματ-ος	φύλακ-ος	σάλπιγγ-ος	Ἄραβ-ος
	D.	ἔριδ-ι	σώματ-ι	φύλακ-ι	σάλπιγγ-ι	Ἄραβ-ι
	A.	ἔρι-ν	σῶμα	φύλακ-α	σάλπιγγ-α	Ἄραβ-α
	V.	ἔρι	σῶμα	φύλα-ξ	σάλπιγ-ξ	Ἄρα-ψ
Pl. N.	V.	ἔριδ-ες	σώματ-ά	φύλακ-ες	σάλπιγγ-ες	Ἄραβ-ες
	G.	ἐρίδ-ων	σωμάτ-ων	φυλάκ-ων	σαλπίγγ-ων	Ἀράβ-ων
	D.	ἔρι-σι(ν)	σώμα-σι(ν)	φύλα-ξι(ν)	σάλπιγ-ξι(ν)	Ἄρα-ψι(ν)
	A.	ἐρίδ-ας	σώματ-ά	φύλακ-ας	σάλπιγγ-ας	Ἄραβ-ας

1. **Accent.** Einsilbige Stämme betonen im Gen. und Dat. aller Numeri die Endung, und zwar wenn sie lang ist, mit dem Cirkumflex z. B. *θήρ, θηρός, θηρῶν,* aber *θῆρα.*

Ausn. a) ὁ παῖς (Knabe), τὸ φῶς (Licht), τὸ οὖς (Ohr) sind im Gen. Plur. und Dual. Paroxytona; also *παίδων, παίδειν, φώτων, ὤτων,* aber *παισί(ν)* u. s. w.

b) πᾶς (omnis) hat zwar παντός, παντί, aber πάντων, πᾶσι(ν).

c) Die einsilbigen Participia behalten den Accent auf der Stammsilbe, z. B. ὄντος von ὤν (seiend).

2. **Vok. Sing.** a) Sämtliche P- und K-Stämme sowie die oxytonierten T- und Liquida-Stämme haben den Vok. Sing. gleich dem Nom.; also ὦ *φύλαξ, Ἄραψ, ποιμήν, ἡγεμών, λυθείς.*

b) Die übrigen haben den reinen Stamm; also ὦ *δαίμον,* ὦ *ῥῆτορ,* ὦ *Αἶαν* (o Ajax), St. *Αἰαντ.* Nom. *Αἶας;* ὦ *γέρον,* St. *γεροντ.* Nom. *γέρων;* ὦ *παῖ,* St. *παιδ,* Nom. *παῖς.*

3. **Der Dat. Plur.** hängt σι(ν) an den Stamm; doch merke:

a) mit einem K-Laut wird das σ zu ξ, mit einem P-Laut zu ψ; z. B. *φύλαξι, Ἄραψι.*

b) der einfache T-Laut fällt vor σ aus; z. B. *ἐλπίσι, ἔρισι, σώμασι.*

c) νν fällt vor σ aus, doch wird der vorhergehende Vokal gedehnt, und zwar ἀ in ᾱ, ε in ει, ο in ου, z. B. *γίγασι* (von *γίγας, γαντος* Riese), *λυθεῖσι, γέρουσι.*

4. Die Substantiva ὁ πατήρ (pater), ἡ μήτηρ (mäter), ἡ θυγάτηρ (Tochter), ἡ γαστήρ (Bauch) stossen das ε des Stammes im Gen. und Dat. Sing. aus (Synkope!) und werfen dann den Accent auf die Endung.

Sing.	N.	πατήρ	μήτηρ	θυγάτηρ
	G.	πατρ ός	μητρ ός	θυγατρ ός
	D.	πατρ ί	μητρ ί	θυγατρ ί
	A.	πατέρ α	μητέρ α	θυγατέρ α
	V.	πάτερ	μῆτερ	θύγατερ
Plur.	N.	πατέρ ες	μητέρ ες	θυγατέρ ες
	G.	πατέρ ων	u. s. w.	u. s. w.
	D.	πατρά σι(ν)		
	A.	πατέρ ας		

M. F. **βελτίων** (besser), N. **βέλτιον**

Stamm: βελτιον

Sing. N.	βελτίων		βέλτιον
G.		βελτίον-ος	
D.		βελτίον-ι	
A.	βελτίον-α oder	βελτίω	βέλτιον
V.	βέλτιον		βέλτιον
Pl. N. V.	βελτίον-ες oder	βελτίους	βελτίον-α oder βελτίω
G.		βελτιόν-ων	
D.		βελτίο -σι(ν)	
A.	βελτίον-ας oder	βελτίους	βελτίον α oder βελτίω

5. Nach *δαίμων* gehen auch die Adjectiva auf *ων, ον*, sowie die Komparative auf *ων, ον*. Der Accent rückt jedoch im Neutr. Sing. auf die drittletzte Silbe; z. B. *εὐδαίμων* (beatus), N. *εὔδαιμον, βελτίων*, N. *βέλτιον*.

6. Die Komparative auf *ων, ον* stossen häufig das *ν* im Acc. Sing. und im N. A. V. Pl. aus und kontrahieren *οα* in *ω, οε* in *ου*.

7. Der Accent wird im Vok. Sing. (und bei Adjektiven im Neutr. Sing.) gern zurückgezogen (vgl. *δέσποτα, ἄδελφε*); z. B. *ὦ πάτερ, θύγατερ, Ἄπολλον, Πόσειδον*. Regelmäfsig geschieht dies bei den zusammengesetzten substantivis und adjectivis barytonis, deren zweiter Teil zweisilbig ist; z. B. *ὦ Ἀγάμεμνον, Σώκρατες, Περίκλεις, ὦ σύνηθες* und *τὸ σύνηθες*.

§ 19. Sigmastämme.

		M. F. *εὐγενής*	N. *εὐγενές*	M.F.*συνήθης* N.*σύνηθες*		'Ηρακλῆς
	γένος (genus)	(von gutem Geschlecht)		(gewohnt)		(Hercules)
Stamm:	*γενες*	*εὐγενες*		*συνηθες*		'Ηρακλες
Sing. N.	*γένος*	*εὐγενής*	*εὐγενές*	*συνήθης*	*σύνηθες*	'Ηρακλῆς
G.	*γένους*	*εὐγενοῦς*		*συνήθους*		'Ηρακλέους
D.	*γένει*	*εὐγενεῖ*		*συνήθει*		'Ηρακλεῖ
A.	*γένος*	*εὐγενῆ*	*εὐγενές*	*συνήθη*	*σύνηθες*	'Ηρακλέα
V.	*γένος*	*εὐγενές*	*εὐγενές*	*σύνηθες*	*σύνηθες*	'Ηράκλεις
Pl. N. V.	*γένη*	*εὐγενεῖς*	*εὐγενῆ*	*συνήθεις*	*συνήθη*	
G.	*γενῶν*	*εὐγενῶν*		*συνήθων*		
D.	*γένε-σι(ν)*	*εὐγενέ-σι(ν)*		*συνήθεσι(ν)*		
A.	*γένη*	*εὐγενεῖς*	*εὐγενῆ*	*συνήθεις*	*συνήθη*	

τὸ *κρέας* (Fleisch)

Stamm: *κρεας*

N. A. V.	*κρέας*	Pl. N. A. V.	*κρέα*
G.	*κρέως*	G.	*κρεῶν*
D.	*κρέᾳ*	D.	*κρέασι(ν)*

1. Zwischen zwei Vokalen fällt das *σ* aus. Es werden dabei kontrahiert *εο* in *ου*, *εε* und *εε* in *ει*, *εα* in *η* (wenn aber vor *ε* noch ein *ε* oder *ι* steht, in *ᾱ*), *εω, αο* und *αω* in *ω*, *αι* in *ᾳ, αα* in *ᾱ*.

2. Der kontrahierte Nom. Pl. dient zugleich als Acc. Pl.

Anm. Im Dat. Pl. steht nur ein *σ*.

3. Die Eigennamen auf —*γενης*, —*σθενης*, —*κρατης*, —*μνης*, —*φανης* bilden den Acc. Sing. sowohl nach der 1. als nach der 3. Dekl.; z. B. *Σωκράτην* neben *Σωκράτη*.

4. Die zusammengesetzten adjectiva barytona behalten auch im kontrahierten Gen. Plur. [und Dual.] den Ton auf der vorletzten (*συνήθων, συνήθοιν*).

Vokalstämme.

§ 20. a) Stämme auf ι und υ.

	ὁ ἰχθύς (Fisch)	ἡ σῦς (Sau)	ἡ πόλις (Stadt)	τὸ ἄστυ (Stadt)
Stamm:	ἰχθυ	σῦ	πολι (πολε)	ἀστυ (ἀστε)
Sing. N.	ἰχθύ-ς	σῦ-ς	πόλι-ς	ἄστυ
G.	ἰχθύ-ος	σῦ-ός	πόλε-ως	ἄστε-ως
D.	ἰχθύ-ι	σῦ-ί	πόλε-ι	ἄστει
A.	ἰχθύ-ν	σῦ-ν	πόλι-ν	ἄστυ
V.	ἰχθύ	σῦ-ς	πόλι	
Pl. N. V.	ἰχθύ-ες	σύ-ες	πόλε-ις	ἄστ-η
G.	ἰχθύ-ων	συ-ῶν	πόλε-ων	ἄστε-ων
D.	ἰχθύ-σι(ν)	σῦ-σί(ν)	πόλε-σι(ν)	ἄστε-σι(ν)
A.	ἰχθῦ-ς	σῦ-ς	πόλε-ις	ἄστ-η

1. Im Acc. Sing. der Masc. und Fem. haben sämtliche Stämme auf ι und υ die Endung ν. Ebenso haben ν die barytonierten T-stämme auf ις und υς; z. B.

	χάριν	ἔριν	εὔελπιν	aber ἐλπίδα
Stamm:	χαριτ	ἐριδ	εὐελπιδ	ἐλπιδ
Nom.	ἡ χάρις (gratia)	ἡ ἔρις (Streit)	εὔελπις (voll guter Hoffnung)	ἡ ἐλπίς (Hoffnung)

2. Kontrahiert wird nur in den Diphthong ει.
3. Der kontrahierte N. Plur. dient auch hier zugleich als Acc. Plur.
4. Die Stämme auf ι haben im Gen. Sing. und Plur. die attische Bildung auf εως und εων mit dem Accent auf der drittletzten Silbe; also πόλεως, πόλεων.

§ 21. b) Stämme auf αυ, ου, ευ, ω und ω.

	ἡ γραῦς (alte Frau)	ὁ und ἡ βοῦς (bos)	ὁ βασιλεύς (König)	ὁ ἥρως (Heros)	ἡ πειθώ (Überredung)
Stamm:	γραυ	βου	βασιλευ	ἡρω	πειθο
Sing. N.	γραῦ-ς	βοῦ-ς	βασιλεύ-ς	ἥρω-ς	πειθώ
G.	γρα-ός	βο-ός	βασιλέ-ως	ἥρω-ος	πειθ-οῦς
D.	γρα-ΐ	βο-ΐ	βασιλεῖ	ἥρω-ι	πειθ-οῖ
A.	γραῦ-ν	βοῦ-ν	βασιλέ-ᾱ	ἥρω-α	πειθ-ώ
V.	γραῦ	βοῦ	βασιλεῦ	ἥρω-ς	πειθ-οῖ
Pl. N. V.	γρᾶ-ες	βό-ες	βασιλεῖς	ἥρω-ες	
G.	γρα-ῶν	βο-ῶν	βασιλέ-ων	ἡρώ-ων	
D.	γραυ-σί(ν)	βου-σί(ν)	βασιλεῦ-σι(ν)	ἥρω-σι(ν)	
A.	γραῦ-ς	βοῦ-ς	βασιλέ-ᾱς	ἥρω-ας	

1. Die Stämme auf ευ sind alle Masculina, dabei im Nom. Sing. Oxytona und im Vok. Sing. Perispomena. Sie kontrahieren nur in ει.

2. Die Stämme auf ω sind sämtlich Masculina, die Stämme auf ο jedoch alle Feminina und zugleich Oxytona.

§ 22. Substantiva anomala.

ὁ ἀνήρ (Mann), St. ἀνερ: ἀν-δ-ρ ός, ἀνδρί, ἄνδρα, ἄνερ; Plur. ἄνδρες, ἀνδρῶν, ἀνδράσι(ν), ἄνδρας; (Dual. ἄνδρε, ἀνδροῖν).

Ἀπόλλων (Apollo), Acc. Ἀπόλλω neben Ἀπόλλωνα, Vok. Ἄπολλον.

ἡ γυνή (Frau); St. γυναικ, Betonung wie bei einsilbigen Substantiven der 3. Deklination; γυναικ-ός, γυναικί, γυναῖκα, γύναι; Plur. γυναῖκες, γυναικῶν, γυναιξί(ν), γυναῖκας.

Ζεύς (Jupiter), Διός, Διΐ, Δία, Ζεῦ.

ἡ θρίξ (Haar), τριχός, θριξί(ν).

ὁ und ἡ κύων (Hund), Vok. κύον; alles andere vom Stamme κύν: κυν-ός, κυνί, κύνα; κύνες, κυνῶν, κυσί(ν), κύνας.

ὁ μάρτυ-ς (Zeuge), Gen. μάρτυρ-ος u. s. w., aber Dat. Plur. μάρτυ-σι(ν).

ἡ ναῦς (Schiff), νεώς, νηΐ, ναῦν; Plur. νῆες, νεῶν, ναυσί(ν), ναῦς.

τὸ οὖς (Ohr), St. ὠτ: ὠτ-ός, ὠτί, Plur. ὦτα, ὤτων, ὠσί(ν).

ὁ πρεσβευτής (Gesandter), geht im Sing. regelmäßig nach der 1. Deklination, aber Plur. πρέσβεις, πρέσβεων, πρέσβεσι(ν), πρέσβεις.

ὁ υἱός (Sohn) bildet Acc. und Vok. Sing. nur nach der 2. Dekl., alle übrigen Formen aber meist nach der 3. Dekl.:

Sing.	υἱός	Plur.	υἱεῖς, (υἱοί)
	υἱέος, (υἱοῦ)		υἱέων, (υἱῶν)
	υἱεῖ, (υἱῷ)		υἱέσι(ν), (υἱοῖς)
	υἱόν		υἱεῖς, (υἱούς.)
	υἱέ		

ἡ χείρ (Hand), Gen. χειρός u. s. w., aber Dat. Plur. χερσί(ν).

Übersicht der Adjectiva.

§ 23. I. Adjectiva dreier Endungen.

1. Neben den Adjektiven auf ος, η (ᾱ), ον giebt es:

a) Stämme auf υ, mit dem Accent auf der Endsilbe des Stammes, z. B. γλυκύ-ς, γλυκεῖα, γλυκύ. Barytona sind nur ἥμισυς, ἡμίσεια, ἥμισυ (halb) und θῆλυς, θήλεια, θῆλυ (weiblich).

b) Stämme auf ν, z. B. μέλᾱς, μέλαινα, μέλᾰν (schwarz), Gen. μέλᾰν-ος, μελαίνης.

c) Stämme auf ντ:

		Gen. παντ-ός
πᾶς, πᾶσα, πᾶν		
χαρίεις, χαρίεσσα, χάριεν (anmutig),	„	χαρίεντ-ος
ἑκών, ἑκοῦσα, ἑκόν (freiwillig),	„	ἑκόντ-ος
ἄκων, ἄκουσα, ἄκον (ungern),	„	ἄκοντ-ος

Die Bedeutung des Adjektivs πᾶς erhellt aus den Verbindungen: πᾶσα ἡ πόλις die ganze
Stadt, πᾶσαι αἱ πόλεις alle Städte, ἡ πᾶσα πόλις die Gesamtstadt, πᾶσα πόλις jede Stadt.

γλυκύς (füſs)   ἑκών

Stamm: γλυκυ (γλυκε)   St. ἑκοντ

		Masc.	Fem.	Neutr.	M.	F.
Sing	N.	γλυκύ-ς	γλυκεῖά	γλυκύ	ἑκών	ἑκοῦσα
	G.	γλυκέ-ος	γλυκείᾱς	γλυκέ-ος	ἑκόντος	ἑκούσης
	D.	γλυκεῖ	γλυκείᾳ	γλυκεῖ	ἑκόντι	u. s. w.
	A.	γλυκύ-ν	γλυκεῖᾱν	γλυκύ	ἑκόντα	
	V.	γλυκύ	γλυκεῖά	γλυκύ	—	
Pl.	N. V.	γλυκεῖς	γλυκεῖαι	γλυκέ-α	ἑκόντες	ἑκοῦσαι
	G.	γλυκέ-ων	γλυκειῶν	γλυκέ-ων	ἑκόντων	ἑκουσῶν
	D.	γλυκέ-σι(ν)	γλυκείαις	γλυκέ-σι(ν)	ἑκοῦσι(ν)	u. s. w.
	A.	γλυκεῖς	γλυκείας	γλυκέ-α	u. s. w.	

Stamm: παντ			Stamm: χαριεντ und χαριετ.		
πᾶς	πᾶσα	πᾶν	χαρίεις	χαρίεσσα	χάριεν
παντός	πάσης	παντός	χαρίεντος	χαριέσσης	χαρίεντος
παντί	πάσῃ	παντί	χαρίεντι	χαριέσσῃ	χαρίεντι
πάντα	πᾶσαν	πᾶν	χαρίεντα	χαρίεσσαν	χάριεν
πάντες	πᾶσαι	πάντα	χαρίεντες	χαρίεσσαι	χαρίεντα
πάντων	πασῶν	πάντων	χαριέντων	χαριεσσῶν	χαριέντων
πᾶσι(ν)	πάσαις	πᾶσι(ν)	χαρίεσι(ν)	χαριέσσαις	χαρίεσι(ν)
πάντας	πάσας	πάντα	χαρίεντας	χαριέσσας	χαρίεντα

2. In allen Adjektiven, deren Masculinum nach der 3. Dekl. geht, ist
1) das α des Femininums kurz,
2) der Gen. Plur. des Femininums Perispomenon.

§ 24. II. Die übrigen Adjectiva.

1. Adjectiva zweier Endungen sind

a) die zusammengesetzten Adjectiva der 2. Deklination, z. B. ἄδικος, ἄδικον (ungerecht), εὔνους, εὔνουν (wohlgesinnt).

b) die Stämme auf ες, meist mit dem Accent auf der Endsilbe des Stammes; z. B. εὐγενής, εὐγενές; aber συνήθης, σύνηθες, und πλήρης, πλῆρες (voll).

Anm. Merke: Acc. Sing. und Neutr. Pl. ἐνδεᾶ von ἐνδεής (ermangelnd) und εὐκλεᾶ von εὐκλεής (rühmlich).

c) Stämme auf ον; z. B. εὐδαίμων, εὔδαιμον; βελτίων, βέλτιον.

2. Einzelne Bildungen sind: ἄρρην, ἄρρεν (männlich) und δίκους, δίκουν (zweifüſsig), Gen. δίκοδ-ος.

3. Adjectiva einer Endung sind ἅρπαξ (räuberisch), Gen. ἅρπαγ-ος; ἄπαις (kinderlos), Gen. ἄπαιδ-ος; πένης (arm), Gen. πένητ ος; μάκαρ (glückselig), Gen. μάκαρ-ος.

Anm. Bloſs weiblich sind die Adjectiva auf ίς, ίδος, z. B. πόλις σύμμαχίς (civitas socia), τῆς Ἑλληνίδες, ἡ πατρίς (sc. γῆ — patria sc. terra).

§ 25. III. Unregelmäfsige Adjectiva.

1. μέγας (grofs), Stamm μεγα und μεγαλο

Sing. N.	μέγας	μεγάλη	μέγα
G.	μεγάλου	μεγάλης	μεγάλου
D.	μεγάλῳ	μεγάλῃ	μεγάλῳ
A.	μέγαν	μεγάλην	μέγα
Plur. N.	μεγάλοι	μεγάλαι	μεγάλα
G.	μεγάλων	μεγάλων	μεγάλων

u. s. w.

2. πολύς (viel), St. πολυ und πολλο.

Sing. N.	πολύς	πολλή	πολύ
G.	πολλοῦ	πολλῆς	πολλοῦ
D.	πολλῷ	πολλῇ	πολλῷ
A.	πολύν	πολλήν	πολύ
Plur. N.	πολλοί	πολλαί	πολλά
G.	πολλῶν	πολλῶν	πολλῶν

u. s. w.

Komparation der Adjectiva.

§ 26. Regelmäfsige Steigerung.

1. Der Komparativ endet auf τερος, τέρα, τερον, der Superlativ auf τατος, τάτη, τατον. Diese Endungen werden an den reinen Stamm des Masc. angehängt. Doch behalten die Stämme auf o dieses o nur dann, wenn die vorhergehende Silbe von Natur oder durch Position (auch muta cum liquida macht hier Position) lang ist; sonst dehnen sie das o zu ω.

	Stamm	Komp.	Sup.
δίκαιος	δικαιο	δικαιό-τερος	δικαιό-τατος
ἔνδοξος (berühmt),	ἐνδοξο	ἐνδοξό τερος	ἐνδοξό-τατος
ὑγρός (feucht),	ὑγρο	ὑγρό-τερος	ὑγρό-τατος
σοφός (weise),	σοφο	σοφώ-τερος	σοφώ τατος
γλυκύς (süſs),	γλυκυ	γλυκύ-τερος	γλυκύ-τατος
μέλας	μελαν	μελάν-τερος	μελάν-τατος
σαφής (deutlich),	σαφες	σαφέσ-τερος	σαφέσ-τατος

Anm. Lang ist die vorletzte Silbe in den Compositis von *τιμή* (Ehre), *θυμός* (Mut, Unmut), *πένθος* (Gefahr); also z. B. in *ἄτιμος* (ungeehrt), *πρόθυμος* (bereitwillig), *ἐπικίνδυνος* (gefährlich), sowie in *ἰσχρός* (stark); daher Komp. *ἀτιμότερος, ἰσχρότερος.* Kurz ist das *ι* in den Endungen *ιος, ικός, ιμος, ινος*; daher *μαχιμώτατος* von *μάχιμος* (streitbar).

2. Ausnahmen:

γεραιός (senex)	*γεραιο*	*γεραίτερος*	*γεραίτατος*
μέσος (medius)	*μεσο*	*μεσαίτερος*	*μεσαίτατος*
ὄψιος (spät)	*ὀψιο*	*ὀψιαίτερος*	*ὀψιαίτατος*
πρώϊος (früh)	*πρωΐο*	*πρωϊαίτερος*	*πρωϊαίτατος*
παραπλήσιος (ähnlich)	*παραπλησιο*	*παραπλησιαίτερος*	*παραπλησιαίτατος*
φίλος (lieb)	*φιλο*	*φίλτερος* u. *μᾶλλον φίλος*	*φίλτατος.*

3. Die Stämme auf *ον* hängen *έστερος, έστατος* an den Stamm. Z. B. *εὐδαίμων, εὐδαιμονέστερος, εὐδαιμονέστατος.*

4. Unregelmäßig: *ἐρρωμένος* (stark) | *ἐρρωμενο* | *ἐρρωμενέστερος* | *ἐρρωμενέστατος*
ἄσμενος (willig, gern) | *ἀσμενο* | *ἀσμενέστερος* | *ἀσμενέστατος*
εὔνους | *εὐνοο* | *εὐνούστερος* | *εὐνούστατος*
χαρίεις | *χαριεντ* | *χαριέστερος* | *χαριέστατος*
πένης | *πενητ* | *πενέστερος* | *πενέστατος*
ἅρπαξ | *ἁρπαγ* | *ἁρπαγέστερος* | *ἁρπαγέστατος.*

§ 27. Unregelmäßige Steigerung.

Positiv	Komp.	Superl.
1. *ἀγαθός* (bonus)	*ἀμείνων, ἄμεινον*	*ἄριστος*
	βελτίων, βέλτιον	*βέλτιστος*
	κρείττων, κρεῖττον (superior)	*κράτιστος*
	λῴων, λῷον	*λῷστος*
2. *κακός* (malus)	*κακίων, κάκιον* (pejor)	*κάκιστος* (pessimus)
	χείρων, χεῖρον (deterior)	*χείριστος* (deterrimus)
	ἥττων, ἧττον	
3. *μέγας*	*μείζων, μεῖζον*	*μέγιστος*
4. {*μικρός* (klein)	*μικρότερος*	*μικρότατος*
{*ὀλίγος* (wenig)	—	*ὀλίγιστος*

Ferner gehören zu *μικρός* und *ὀλίγος* die Formen:

	μείων, μεῖον	—
	ἐλάττων, ἔλαττον	*ἐλάχιστος*
5. *πολύς*	*πλείων, πλέον*	*πλεῖστος*
6. *ῥᾴδιος* (facilis)	*ῥᾴων, ῥᾷον*	*ῥᾷστος*
7. *ἡδύς* (angenehm)	*ἡδίων, ἥδιον*	*ἥδιστος*
8. *ἐχθρός* (inimicus)	{*ἐχθρότερος*	*ἐχθρότατος*
	{*ἐχθίων, ἔχθιον*	*ἔχθιστος*

Positiv	Komp.	Superl.
9. αἰσχρός (schimpflich)	αἰσχίων, αἴσχιον	αἴσχιστος
10. καλός (schön)	καλλίων, κάλλιον	κάλλιστος
11. ταχύς (schnell)	θάττων, θᾶττον	τάχιστος.

Einige Komparative und Superlative haben keinen Positiv in der Adjektivform:

	Komp.	Superl.
πρό (pro)	πρότερος (prior)	πρῶτος (primus)
?	ὕστερος (posterior)	ὕστατος (postremus)
?	— —	ἔσχατος (extremus).

§ 28. Adverbia.

1. Die Bildung des Positivs der Adverbia wird aus folgenden Beispielen klar:

	Gen. Plur.	Adverb.
σοφός	σοφῶν	σοφῶς
δίκαιος	δικαίων	δικαίως
ἁπλοῦς	ἁπλῶν	ἁπλῶς
ἡδύς	ἡδέων	ἡδέως
πᾶς	πάντων	πάντως
χαρίεις	χαριέντων	χαριέντως
συμφέρων (zuträglich)	συμφερόντων	συμφερόντως
εἰκώς (wahrscheinlich)	εἰκότων	εἰκότως
σαφής	σαφῶν	σαφῶς
συνήθης	συνήθων	συνήθως
εὐδαίμων	εὐδαιμόνων	εὐδαιμόνως
μέγας	μεγάλων	μεγάλως.

2. Als Komparativ des Adverbs gebraucht man das Neutr. Sing. vom Komparativ des Adjektivs, als Superlativ das Neutr. Plur. vom Superl. des Adjektivs.

σοφῶς	Komp.	σοφώτερον	Superl.	σοφώτατα
δικαίως	„	δικαιότερον	„	δικαιότατα
ἡδέως	„	ἥδιον	„	ἥδιστα
καλῶς	„	κάλλιον	„	κάλλιστα.

3. Unregelmäßige Bildung:

εὖ (bene)	Komp.	ἄμεινον	Superl.	ἄριστα
μάλα (magnopere)	„	μᾶλλον (magis)	„	μάλιστα (maxime)
ὀλίγον (wenig)	„	ἧττον (minus)	„	ἥκιστα (minime)
ἐγγύς (prope)	„	ἐγγύτερον (propius)	„	ἐγγύτατα (proxime)
ἄνω (oben)	„	ἀνωτέρω	„	ἀνωτάτω.

§ 29. Zahlwörter.

	Cardinalia.	Ordinalia.
1	εἷς, μία, ἕν	πρῶτος, η, ον primus
2	δύο	δεύτερος, α, ον
3	τρεῖς, τρία	τρίτος, η, ον
4	τέτταρες, τέτταρα	τέταρτος
5	πέντε	πέμπτος
6	ἕξ	ἕκτος
7	ἑπτά	ἕβδομος
8	ὀκτώ	ὄγδοος
9	ἐννέα	ἔνατος
10	δέκα	δέκατος
11	ἕνδεκα	ἑνδέκατος, η, ον
12	δώδεκα	δωδέκατος
13	τρεῖς (τρία) καὶ δέκα oder τρισκαίδεκα	τρίτος καὶ δέκατος oder τρισκαιδέκατος
14	τέτταρες (τέτταρα) καὶ δέκα	τέταρτος καὶ δέκατος oder τετταρακαιδέκατος
15	πεντεκαίδεκα	πέμπτος καὶ δέκατος oder πεντεκαιδέκατος
16	ἑκκαίδεκα	u. s. w.
17	ἑπτακαίδεκα	
18	ὀκτωκαίδεκα	
19	ἐννεακαίδεκα	
20	εἴκοσι(ν)	εἰκοστός, ή, όν
30	τριάκοντα	τριᾱκοστός
40	τετταράκοντα	τετταρᾱκοστός
50	πεντήκοντα	πεντηκοστός
60	ἑξήκοντα	ἑξηκοστός
70	ἑβδομήκοντα	ἑβδομηκοστός
80	ὀγδοήκοντα	ὀγδοηκοστός
90	ἐνενήκοντα	ἐνενηκοστός, η, ον
100	ἑκατόν	ἑκατοστός, ή, ὁν
200	διᾱκόσιοι, αι, α	διᾱκοσιοστός
300	τριᾱκόσιοι, αι, α	τριᾱκοσιοστός
400	τετρᾱκόσιοι	u. s. w.
500	πεντᾱκόσιοι	
600	ἑξᾱκόσιοι	
700	ἑπτᾱκόσιοι	
800	ὀκτᾱκόσιοι	
900	ἐνᾱκόσιοι	
1000	χίλιοι	χιλιοστός, ή, όν
2000	δισχίλιοι	δισχιλιοστός
3000	τρισχίλιοι	u. s. w.
4000	τετράκισχίλιοι	
5000	πεντάκισχίλιοι	
6000	ἑξάκισχίλιοι	
7000	ἑπτάκισχίλιοι	
8000	ὀκτάκισχίλιοι	
9000	ἐνάκισχίλιοι	
10000	μύριοι (μυρίοι unzählige)	μυριοστός, ή, όν
20000	δισμύριοι oder δύο μυριάδες	δισμυριοστός
30000	τρισμύριοι oder τρεῖς μυριάδες	τρισμυριοστός

1 N. τίς, μία, ἕν
G. ἑνός, μιᾶς, ἑνός
D. ἑνί, μιᾷ, ἑνί
A. ἕνα, μίαν, ἕν

2 N. A. δύο
G. D. δυοῖν oder δύο
Ebenso geht ἄμφω (ambo), ἀμφοῖν.

3 N. τρεῖς, τρία
G. τριῶν
D. τρισί(ν)
A. τρεῖς, τρία

4 N. τέτταρες, τέτταρα
G. τεττάρων
D. τέτταρσι(ν)
A. τέτταρας, τέτταρα.

	Sing.				Plur.	
Sing. N.	οὐδείς	οὐδεμία	οὐδέν	Sing. N.	οὐδένες	οὐδεμίαι	οὐδένα
G.	οὐδενός	οὐδεμιᾶς	οὐδενός	G.	οὐδένων	οὐδεμιῶν	οὐδένων
D.	οὐδενί	οὐδεμιᾷ	οὐδενί	D.	οὐδέσι(ν)	οὐδεμίαις	οὐδέσι(ν)
A.	οὐδένα	οὐδεμίαν	οὐδέν	A.	οὐδένας	οὐδεμίας	οὐδένα

Anm. Wie unus im Lat., so wird auch εἷς bei Ordinalien gebraucht, z. B. τῷ ἑνὶ καὶ τριακοστῷ ἔτει uno et tricesimo anno.

1. **Zahladverbia** sind: ἅπαξ einmal, δίς zweimal, τρίς, τετράκις, πεντάκις, ἑξάκις, ἑπτάκις, ὀκτάκις, ἐνάκις, δεκάκις, εἰκοσάκις, τριακοντάκις, ἑκατοντάκις, διακοσιάκις, χιλιάκις. Hierher gehört auch das Adverb πολλάκις vielmals, oft.

2. **Multiplicativa** sind: ἁπλοῦς simplex, διπλοῦς duplex, πενταπλοῦς quincuplex.

3. **Zahlsubstantiva** sind: ἡ μονάς (St. μοναδ) die Einheit (von μόνος einzig, allein), ἡ δυάς, ἡ τριάς, ἡ ἑβδομάς, ἡ δεκάς, ἡ χιλιάς, ἡ μυριάς. Man sagt τρεῖς μυριάδες στρατιωτῶν oder τρισμύριοι στρατιῶται.

§ 30. Pronomina.

1. Pronomina personalia.

		enkl.		enkl.	Pron. possess.
S. N.	ἐγώ (ĕgŏ)		σύ (tū)		1. ἐμός, ή, όν
G.	ἐμοῦ	μου	σοῦ	σου	(meus)
D.	ἐμοί	μοι	σοί	σοι	2. σός, σή, σόν
A.	ἐμέ	με	σέ	σε	(tuus)
Pl. N.	ἡμεῖς wir		ὑμεῖς ihr		1. ἡμέτερος,
G.	ἡμῶν		ὑμῶν		τέρα, τερον
D.	ἡμῖν		ὑμῖν		unser
A.	ἡμᾶς		ὑμᾶς		2. ὑμέτερος euer
D. N.	νώ wir beide		σφώ ihr beide		
G.	νῷν		σφῷν		

1. Nur wenn das Pronomen hervorzuheben ist, wie in Gegensätzen, steht die nicht-enklitische Form.

Anm. Zur Hervorhebung dient auch das enklitische γε: ἔγωγε, ἔμοιγε (Accent!), aber ἐμοῦγε, ἐμήγε, σύγε.

2. αὐτός, αὐτή, αὐτό.

1) bedeutet er selbst (ipse), z. B. αὐτὸς ὁ ἀνήρ, homo ipse;

2) dient es in den casus obliqui zum Ersatz für das fehlende Personalpronomen der dritten Person:

Sing. G. αὐτοῦ, ῆς, οὗ (ejus)   Pl. αὐτῶν (eorum, earum)
 D. αὐτῷ, ῇ, ῷ (ei)   αὐτοῖς, αἷς, οἷς (eis)
 A. αὐτόν, ήν, ό (eum, eam, id)   αὐτούς, άς, ά (eos, eas, ea);

3) bei vorhergehendem Artikel bedeutet es ebenderselbe; z. B. ὁ αὐτὸς ἀνήρ (idem homo). Doch ist auf die Krasis zu achten.

Sing. N. ὁ αὐτός,   ἡ αὐτή,   τὸ αὐτό oder ταὐτόν
 G. τοῦ αὐτοῦ oder ταὐτοῦ, τῆς αὐτῆς,   τοῦ αὐτοῦ oder ταὐτοῦ
 D. τῷ αὐτῷ oder ταὐτῷ, τῇ αὐτῇ oder ταὐτῇ, τῷ αὐτῷ oder ταὐτῷ
 A. τὸν αὐτόν,   τὴν αὐτήν,   τὸ αὐτό oder ταὐτόν
Plur. N. οἱ αὐτοί,   αἱ αὐταί,   τὰ αὐτά oder ταὐτά
 G. τῶν αὐτῶν u. s. w.

3. Pronomina reflexiva hat der Grieche für alle drei Personen.

Sing. G. ἐμαυτοῦ, ῆς meiner σεαυτοῦ, ῆς   ἑαυτοῦ, ῆς, οὗ sui, seiner, ihrer (selbst)
 (selbst) (deiner selbst)
 D. ἐμαυτῷ, ῇ σεαυτῷ, ῇ   ἑαυτῷ, ῇ, ῷ sibi
 A. ἐμαυτόν, ήν σεαυτόν, ήν   ἑαυτόν, ήν, ό se.
Plur. G. ἡμῶν αὐτῶν ὑμῶν αὐτῶν   ἑαυτῶν [oder σφῶν αὐτῶν]
 D. ἡμῖν αὐτοῖς, αἷς ὑμῖν αὐτοῖς, αἷς   ἑαυτοῖς, αἷς, οἷς [oder σφίσιν αὐτοῖς, αἷς]
 A. ἡμᾶς αὐτούς, άς ὑμᾶς αὐτούς, άς   ἑαυτούς, άς, ά [oder σφᾶς αὐτούς, άς].

Für σεαυτοῦ u. s. w., ἑαυτοῦ u. s. w. sagt man auch σαυτοῦ, αὑτοῦ u. s. w.

4. Man sagt:

a) Ich sehe seinen Vater   τὸν πατέρα αὐτοῦ
 Ich sehe ihren (Femin.) Vater τὸν πατέρα αὐτῆς
 Ich sehe ihren (Plur.) Vater τὸν πατέρα αὐτῶν;
 aber:
 Er sieht seinen (eignen) V. τὸν ἑαυτοῦ πατέρα od. τὸν πατέρα
 Sie sieht ihren (eignen) V. τὸν ἑαυτῆς πατέρα od. τὸν πατέρα
 Sie sehen ihren (eignen) V. τὸν ἑαυτῶν πατέρα od. τὸν πατέρα.
b) Ich sehe deinen Vater   τὸν σὸν πατέρα od. τὸν πατέρα τὸν σόν od. τὸν πατέρα σου;
 aber:
 Du siehst deinen (eignen) V. τὸν σὸν πατέρα od. τὸν πατέρα τὸν σόν od. τὸν { σεαυτοῦ / σεαυτῆς } πατέρα od. τὸν πατέρα.

5. Pronomen reciprocum.

Dual. G. D. ἀλλήλοιν, αιν   Plur. G. ἀλλήλων
    A. ἀλλήλω, α   D. ἀλλήλοις
                     A. ἀλλήλους, ας, Neutrum ἄλληλα (Accent!).

6. Pronomina demonstrativa.

a) ὅδε, ἥδε, τόδε (der du) besteht aus dem Artikel ὁ, ἡ, τό und dem euklitischen δε

ὅδε	ἥδε	τόδε	οἵδε	αἵδε	τάδε
τοῦδε	τῆσδε	τοῦδε	τῶνδε	τῶνδε	τῶνδε
τῷδε	τῇδε	τῷδε	τοῖσδε	ταῖσδε	τοῖσδε
τόνδε	τήνδε	τόδε	τούσδε	τάσδε	τάδε

b) οὗτος, αὕτη, τοῦτο (dieser oder derjenige):

S. N.	οὗτος	αὕτη	τοῦτο	Pl. N.	οὗτοι	αὗται	ταῦτα
G.	τούτου	ταύτης	τούτου	G.	τούτων	τούτων	τούτων
D.	τούτῳ	ταύτῃ	τούτῳ	D.	τούτοις	ταύταις	τούτοις
A.	τοῦτον	ταύτην	τοῦτο	A.	τούτους	ταύτας	ταῦτα

Dual. N. τούτω   [ταῦτα]   τούτω
      G. τούτοιν   ταύταιν   τούτοιν.

c) ἐκεῖνος, ἐκείνη, ἐκεῖνο (jener).

Anm. Zu den Demonstrativen tritt das Nomen mit Artikel; das Demonstrativ steht entweder vor dem Artikel oder hinter dem Nomen: οὗτος ὁ ἀνήρ oder ὁ ἀνὴρ οὗτος. ὅδε ὁ ἀνήρ oder ὁ ἀνὴρ ὅδε. ἐκεῖνος ὁ ἀνήρ oder ὁ ἀνὴρ ἐκεῖνος.

7. Das pronomen relativum ὅς, ἥ, ὅ (welcher, der) lautet in allen Kasus mit dem spir. asper an:

ὅς	ἥ	ὅ	οἵ	αἵ	ἅ
οὗ	ἧς	οὗ	ὧν	ὧν	ὧν
ᾧ	ᾗ	ᾧ	οἷς	αἷς	οἷς
ὅν	ἥν	ὅ	οὕς	ἅς	ἅ

Anm. Oft wird die Enklitika περ zur Verstärkung angefügt: ὅσπερ, ἥπερ, ὅπερ.

8. Das pronomen interrogativum τίς; τί; (wer, was? — welcher, welche, welches?) hat den Accent stets auf der Stammsilbe; auf τίς und τί darf nie der Gravis stehen. Das Pronomen indefinitum τις, τι (irgend einer, irgend etwas) hingegen ist stets enklitisch.

Anm. In indirekter Frage wird ὅστις gebraucht.

4*

Interrogativum (direkt)	Indefinitum (enklitisch)	Interrogativum (indirekt)		
S. N. τίς, Neutr. τί	τις, Neutr. τι	ὅστις	ἥτις	ὅ τι
G. τίνος	τινός	οὔτινος	ἧστινος	οὔτινος
D. τίνι	τινί	ᾧτινι	ᾗτινι	ᾧτινι
A. τίνα, Neutr. τί	τινά, Neutr. τι	ὅντινα	ἥντινα	ὅ τι
Pl. N. τίνες, Neutr. τίνα	τινές, Neutr. τινά	οἵτινες	αἵτινες	ἅτινα
G. τίνων	τινῶν	ὧντινων	ὧντινων	ὧντινων
D. τίσι(ν)	τισί(ν)	οἷστισι(ν)	αἷστισι(ν)	οἷστισι(ν)
A. τίνας, Neutr. τίνα	τινάς, Neutr. τινά	οὕστινας	ἅστινας	ἅτινα

9. Pronomina correlativa.

Interrogativa	Demonstrativa	Relativa	Correlativa (indirekt fragend)
St. πο-	St. το-	St. ὁ-	St. ὁπο-
πότερος; uter?	ὁ ἕτερος alter		ὁπότερος uter
πόσος; quantus?	τοσοῦτος, τοσόσδε tantus	ὅσος, ὅσοσπερ quantus	ὁπόσος
ποῖος; qualis?	τοιοῦτος, τοιόσδε talis	οἷος, οἷόσπερ qualis	ὁποῖος

τοιοῦτος wird folgendermafsen dekliniert:

τοιοῦτος	τοιαύτη	τοιοῦτον		τοιοῦτοι	τοιαῦται	τοιαῦτα
τοιούτου	τοιαύτης	τοιούτου		τοιούτων	τοιούτων	τοιούτων
τοιούτῳ	τοιαύτῃ	τοιούτῳ		τοιούτοις	τοιαύταις	τοιούτοις
τοιοῦτον	τοιαύτην	τοιοῦτον		τοιούτους	τοιαύτας	τοιαῦτα

Anm. Ebenso geht τοσοῦτος; τοσόσδε, τοσήδε, τοσόνδε hat G. τοσοῦδε u. s. w., τοσοῦσδε, τοσάσδε, τοσάδε; ferner τοιόσδε, τοιάδε, τοιόνδε G. τοιοῦδε u. s. w., τοιοῦσδε, τοιάσδε, τοιάδε.

10. An diese Pronomina schliefsen sich an: οὐδείς (μηδείς) niemand, keiner, ἔνιοι einige, πᾶς (omnis), ἕκαστος jeder einzelne, ἑκάτερος uterque, ἄμφω ambo, ἀμφότεροι beide, οὐδέτερος (μηδέτερος) neuter.

11. Adverbia correlativa.

Interrogativa	Indefinita (enklitisch)	Demonstrativa	Relativa	Correlativa (in indirekter Frage)
St. πο-	St. κο-		Rt. ὁ-	St. ὁπο-
ποῦ; ubi?	που (ali)cubi, usquam	ἐνθάδε hic ἐνταῦθα ibi	ἔνθα ubi	ὅπου
ποῖ; quo?	ποι (ali)quo	ἐνθάδε,δεῦρο huc, ἐνταῦθα eo	ἔνθα quo	ὅποι
πόθεν; unde?	ποθέν (ali)cunde	ἐνθένδε hinc ἐντεῦθεν inde	ἔνθεν unde	ὁπόθεν
πότε; quando?	ποτέ (ali)quando, unquam	τότε tum	ὅτε cum	ὁπότε
πῶς; quomodo?	πως quodammodo	ὧδε u. οὕτως ita, sic	ὡς, ὥσπερ ut, sicut	ὅπως
πῇ; qua? quo?	πῃ (ali)qua (ali)quo	τῇδε hier, so ταύτῃ, dahin, da, so	ᾗ wohin, wie	ὅπῃ

12. Auf die Frage wo? wohin? woher? setzt man

1) ἐκεῖ dort, ἐκεῖσε dorthin ἐκεῖθεν von dort.
2) αὐτοῦ (ibi) αὐτόσε αὐτόθεν
3) πανταχοῦ (ubique) πανταχόσε πανταχόθεν
4) οὐδαμοῦ (nusquam) οὐδαμόσε οὐδαμόθεν
5) ἄλλοθι (alibi) ἄλλοσε ἄλλοθεν
6) οἴκοι zu Hause οἴκαδε οἴκοθεν
7) Ἀθήνησι(ν) in Athen Ἀθήναζε Ἀθήνηθεν
8) θύρασι(ν) (foris) θύραζε (foras).

Anm. Temporal sind ἄλλοτε (alio tempore), ἐνίοτε (nonnunquam); modal sind ἄλλως, πάντως, οὐδαμῶς.

§ 31. B. Konjugation. Verbum purum. Aktivum.

	Indic. des Haupttempus	Praeteritum	Conjunctivus	Optativus	Imperativus	Infinitivus	Participium
Praes. u. Imperf. S.	παιδεύ-ω	ἐ-παίδευ-ον	παιδεύ-ω	παιδεύ-οιμι	—	παιδεύ-ειν	παιδεύ-ων
	παιδεύ-εις	ἐ-παίδευ-ες	παιδεύ-ῃς	παιδεύ-οις	παίδευ-ε		παιδεύ-ουσα
	παιδεύ-ει	ἐ-παίδευ-ε(ν)	παιδεύ-ῃ	παιδεύ-οι	παιδευ-έτω		παιδεῦ-ον
D.	παιδεύ-ετον	ἐ-παιδεύ-ετον	παιδεύ-ητον	παιδεύ-οιτον	παιδεύ-ετον		G. παιδεύ-οντος
	παιδεύ-ετον	ἐ-παιδευ-έτην	παιδεύ-ητον	παιδευ-οίτην	παιδευ-έτων		παιδευ-ούσης
P.	παιδεύ-ομεν	ἐ-παιδεύ-ομεν	παιδεύ-ωμεν	παιδεύ-οιμεν	—		παιδεύ-οντος
	παιδεύ-ετε	ἐ-παιδεύ-ετε	παιδεύ-ητε	παιδεύ-οιτε	παιδεύ-ετε		
	παιδεύ-ουσι(ν)	ἐ-παίδευ-ον	παιδεύ-ωσι(ν)	παιδεύ-οιεν	παιδευ-όντων od. παιδευ-έτωσαν		
						παιδεύ-ειν	παιδεύ-ων u. s. w. wie im Part. Praes.
Futurum S.	παιδεύ-σω		wie im Indic. Praes.	παιδεύ-σοιμι		παιδεύ-σειν	παιδεύ-σων
	παιδεύ-σεις			παιδεύ-σοις od. -σοίης	u. s. w. wie im Part. Praes.		παιδεύ-σουσα
	παιδεύ-σει			παιδεύ-σοι			παιδεῦ-σον
D.							
P.							
Aor. I. S.	ἐ-παίδευ-σα		παιδεύ-σω	παιδεύ-σαιμι	—	παιδεῦ-σαι (Accent!)	παιδεύ-σας
	ἐ-παίδευ-σας		παιδεύ-σῃς	παιδεύ-σαις od. -σειας	παίδευ-σον		παιδεύ-σασα
	ἐ-παίδευ-σε(ν)		παιδεύ-σῃ	παιδεύ-σαι od. -σειε(ν)	παιδευ-σάτω		G. παιδεύ-σαντος u. s. w. wie im Part. Praes.
D.			u. s. w. wie im Conj. Praes.		wie im Imp. Praes.		
P.				παιδεύ-σαιεν od. -σειαν	παιδευ-σάντων od. παιδευ-σάτωσαν		
Perf. I. u. Plusq. I. S.	πε-παίδευ-κα	ἐ-πε-παιδεύ-κη	πε-παιδεύ-κω		—	πε-παιδευ-κέναι (Accent!)	πε-παιδευ-κώς
	πε-παίδευ-κας	ἐ-πε-παιδεύ-κης	πε-παιδεύ-κῃς		πε-παίδευ-κε		πε-παιδευ-κυῖα
	πε-παίδευ-κε	ἐ-πε-παιδεύ-κει(ν)	πε-παιδεύ-κῃ		πε-παιδευ-κέτω		G. πε-παιδευ-κότος (Accent!)
D.	πε-παιδεύ-κατον	ἐ-πε-παιδεύ-κετον	wie im Opt. Praes.				πε-παιδευ-κός
	πε-παιδεύ-κατον	ἐ-πε-παιδεύ-κετην					
P.	πε-παιδεύ-καμεν	ἐ-πε-παιδεύ-κεμεν					
	πε-παιδεύ-κατε	ἐ-πε-παιδεύ-κετε					
	πε-παιδεύ-κασι(ν)	ἐ-πε-παιδεύ-κεσαν					

Medium.

		Indic. des Haupttempus	Praeteritum	Conjunctivus	Optativus	Imperativus	Infinitivus	Participium
Praes. u. Imperf.	S.	παιδεύ-ομαι	ἐ-παιδευ-όμην	παιδεύ-ωμαι	παιδευ-οίμην		παιδεύ-εσθαι	παιδευ-όμενος,
		παιδεύ-ῃ (-ει)	ἐ-παιδεύ-ου	παιδεύ-ῃ	παιδεύ-οιο	παιδεύ-ου		παιδευ-ομένη,
		παιδεύ-εται	ἐ-παιδεύ-ετο	παιδεύ-ηται	παιδεύ-οιτο	παιδευ-έσθω		παιδευ-όμενον
	D.	παιδευ-όμεθα	ἐ-παιδευ-όμεθα	παιδευ-ώμεθα	παιδευ-οίμεθα			
		παιδεύ-εσθον	ἐ-παιδεύ-εσθον	παιδεύ-ησθον	παιδεύ-οισθον	παιδεύ-εσθον		
		παιδεύ-εσθον	ἐ-παιδευ-έσθην	παιδεύ-ησθον	παιδευ-οίσθην	παιδευ-έσθων		
	P.	παιδευ-όμεθα	ἐ-παιδευ-όμεθα	παιδευ-ώμεθα	παιδευ-οίμεθα			
		παιδεύ-εσθε	ἐ-παιδεύ-εσθε	παιδεύ-ησθε	παιδεύ-οισθε	παιδεύ-εσθε		
		παιδεύ-ονται	ἐ-παιδεύ-οντο	παιδεύ-ωνται	παιδεύ-οιντο	παιδευ-έσθωσαν		
Futurum	S.	παιδεύ-σομαι		παιδευ-σοίμην		παιδεύ-σεσθαι	παιδευ-σόμενος,
		παιδεύ-σῃ		wie im Conj. Praes.	παιδευ-σοιο			παιδευ-σομένη,
		παιδεύ-σεται	u. s. w.		u. s. w. im Opt. Praes.			παιδευ-σόμενον
Aor. I.	S.		ἐ-παιδευ-σάμην	παιδεύ-σωμαι	παιδευ-σαίμην		παιδεύ-σασθαι	παιδευ-σάμενος,
			ἐ-παιδεύ-σω	παιδεύ-σῃ	παιδεύ-σαιο	παίδευ-σαι		παιδευ-σαμένη,
			ἐ-παιδεύ-σατο	παιδεύ-σηται	παιδεύ-σαιτο	παιδευ-σάσθω		παιδευ-σάμενον
	D.		ἐ-παιδευ-σάμεθα	παιδευ-σώμεθα	παιδευ-σαίμεθα			
			ἐ-παιδεύ-σασθον	παιδεύ-σησθον	παιδεύ-σαισθον	παιδεύ-σασθον		
			ἐ-παιδευ-σάσθην	παιδεύ-σησθον	παιδευ-σαίσθην	παιδευ-σάσθων		
	P.		ἐ-παιδευ-σάμεθα	παιδευ-σώμεθα	παιδευ-σαίμεθα			
			ἐ-παιδεύ-σασθε	παιδεύ-σησθε	παιδεύ-σαισθε	παιδεύ-σασθε		
			ἐ-παιδεύ-σαντο	παιδεύ-σωνται	παιδεύ-σαιντο	παιδευ-σάσθωσαν		
Perf. u. Plusq.	S.	πε-παίδευ-μαι	ἐ-πε-παιδεύ-μην	πε-παιδευ-μένος ὦ	πε-παιδευ-μένος εἴην	πε-παίδευ-σο	πε-παιδεῦ-σθαι	πε-παιδευ-μένος,
		πε-παίδευ-σαι	ἐ-πε-παίδευ-σο	" ᾖς	" εἴης	πε-παίδευ-σθω		πε-παιδευ-μένη,
		πε-παίδευ-ται	ἐ-πε-παίδευ-το	" ᾖ	" εἴη	πε-παιδεύ-σθωσαν	(Accent!)	πε-παιδευ-μένον
	D.	πε-παιδεύ-μεθα	ἐ-πε-παιδεύ-μεθα	εὖμεν	εἶμεν			
		πε-παίδευ-σθον	ἐ-πε-παίδευ-σθον	ἦτε	εἴητε	πε-παίδευ-σθον		
		πε-παίδευ-σθον	ἐ-πε-παιδεύ-σθην	ὦσιν	εἴησαν	πε-παιδεύ-σθων		
	P.	πε-παιδεύ-μεθα	ἐ-πε-παιδεύ-μεθα					
		πε-παίδευ-σθε	ἐ-πε-παίδευ-σθε			πε-παίδευ-σθε		
		πε-παίδευ-νται	ἐ-πε-παίδευ-ντο			πε-παιδεύ-σθωσαν		

Passivum.

a) Aktive Formen.

	Indic. des Haupttempus	Praeteritum	Conjunctivus	Optativus	Imperativus	Infinitivus	Participium
Aor. I. S.		ἐ-παιδεύ-θην	παιδευ-θῶ	παιδευ-θείην			παιδευ-θείς
		ἐ-παιδεύ-θης	παιδευ-θῇς	παιδευ-θείης	παιδεύ-θητι		παιδευ-θεῖσα,
		ἐ-παιδεύ-θη	παιδευ-θῇ	παιδευ-θείη	παιδευ-θήτω		παιδευ-θέν
D.		ἐ-παιδεύ-θητον	παιδευ-θῆτον	παιδευ-θείητον, θεῖτον	παιδεύ-θητον, θέντων	παιδευ-θῆναι	G. παιδευ-θέντος
		ἐ-παιδευ-θήτην	παιδευ-θῆτον	παιδευ-θειήτην, θείτην	παιδευ-θήτων	(Accent!)	παιδευ-θείσης
P.		ἐ-παιδεύ-θημεν	παιδευ-θῶμεν	παιδευ-θείημεν, θεῖμεν			παιδευ-θέντος
		ἐ-παιδεύ-θητε	παιδευ-θῆτε	παιδευ-θείητε, θεῖτε	παιδεύ-θητε		
		ἐ-παιδεύ-θησαν	παιδευ-θῶσι(ν)	παιδευ-θείησαν, θεῖεν	παιδευ-θέντων		

Adjectiva verbalia: 1. παιδευ-τός, παιδευ-τή, παιδευ-τόν.
2. παιδευ-τέος, παιδευ-τέα, παιδευ-τέον.

b) Mediale Formen.

	Indic. des Haupttempus	Praeteritum	Conjunctivus	Optativus	Imperativus	Infinitivus	Participium
Praes. u. Imp.		ἐ-παιδευ-όμην — Impf. Med.	παιδεύ-ωμαι	παιδευ-οίμην	παιδεύ-ου	παιδεύ-εσθαι	παιδευ-όμενος
Fut. I.	παιδεύ-σομαι u. s. w.	— Praes. Med.		παιδευ-σοίμην	παιδεύ-ου	παιδεύ-σεσθαι	παιδευ-σόμενος
Perf. u. Plusq.	πε-παίδευ-μαι u. s. w. wie im Fut. Med.	ἐ-πε-παιδεύ-μην — Perf. Med. — Plusq. Med.	wie im Fut. Med.	παιδευ-θήσοιμην παιδευ-θήσοιο u. s. w. wie im Fut. Med.	παιδεύ-ου	πε-παιδεῦ-σθαι	πε-παιδευ-μένος
Fut. ex.	πε-παιδεύ-σομαι πε-παιδεύ-σῃ u. s. w. wie im Fut. Med.					πε-παιδεύ-σεσθαι	πε-παιδευ-σόμενος

§ 32. Verba vocalia (pura).

1. Man unterscheidet Haupttempora und historische Tempora. Zu jenen gehört : Präsens, Futur und Perfekt; zu diesen Imperfekt, Plusquamperfekt und Aorist. Dieser entspricht dem lateinischen Perfekt in der Erzählung.

2. Das Präsens und Imperfekt Akt. und Med. werden aus dem Präsensstamm gebildet; diesen erhält man, wenn man das ω der 1. Sing. Ind. Präs. Akt. abwirft.

3. Beide Tempora verbinden die Personalendungen mit dem Präsensstamme durch einen Bindevokal: dieser ist vor μ und ν ein ο, sonst ein ε. Der Konjunktiv hat dafür ω und η.

4. Eigentümlich ist dem Griechischen der Optativ. Sein Moduszeichen ist stets ein ι und verschmilzt hier mit dem ο zu οι.

5. Der Konjunktiv hat die Endungen der Haupttempora, der Optativ die der historischen Tempora.

6. Augment. a) Die drei historischen Tempora setzen im Indikativ bei allen Verben, die mit einem Konsonanten anlauten, ein ε vor (augmentum syllabicum); z. B. *ἐ-παίδευ-ον*, *ἐ-παίδευσα*, *ἐ-παιδευόμην*, *ἐ-παιδευσάμην*, *ἐ-παιδεύθην* von *παιδεύω*.

Anm. Die mit ρ anlautenden Verba verdoppeln das ρ nach dem Augment; z. B. *ἔῤῥιπτον* von *ῥίπτω* (werfe).

b) Alle mit einem Vokal beginnenden Verba dehnen denselben (augmentum temporale). Es werden ῐ, ῠ, ε, ᾰ, ο, ᾳ, αι, οι, αυ, ευ zu ῑ, ῡ, η, ῃ, ω, ῃ, ῃ, ῳ, ηυ, ηυ.

Z. B. | *ἱκέτευον, ἱκέτευσα* | von | *ἱκετεύω* (flehe an) |
ὕβριζον	von	*ὑβρίζω* (behandele übermütig)
ἤλπιζον	von	*ἐλπίζω* (hoffe)
ἦγον	von	*ἄγω* (führe)
ὥριζον	von	*ὁρίζω* (begrenze)
ᾖδον	von	*ᾄδω* (singe)
ᾐσχυνόμην	von	*αἰσχύνομαι* (schäme mich)
ᾤκιζον	von	*οἰκίζω* (siedele an)
ηὔξανον	von	*αὐξάνω* (augeo)
ηὐχόμην	von	*εὔχομαι* (bete, gelobe).

Die Diphthonge ου, ει und die langen Vokale η, ω bleiben unverändert.

Anm. Das Augment ει jedoch haben *ἐάω* (lassen), *ἐθίζω* (gewöhne), *ἕπομαι* (folge), *ἐργάζομαι* (arbeite), *ἑστιάω* (bewirten) und *ἔχω* (habe); z. B. *εἶχον*, *εἰργαζόμην*.

7. a) Die mit Präpositionen zusammengesetzten Verba augmentieren das Simplex und setzen dann die Präposition wieder vor.

Z. B. | *προσῆγον* | von | *προσ-άγω* |
| *εἰσῆγον* | von | *εἰσ-άγω.* |

b) Endet die Präposition auf einen Vokal, so verliert sie denselben vor dem Augment;

Z. B.	ἀπέλυον, ἀπέλυσα	von	ἀπο-λύω (befreie)
	ἐπέταττον	von	ἐπι-τάττω (trage auf, befehle)
	διέφερον	von	δια-φέρω (differo)
doch merke:	ἐξέβαλλον	von	ἐκ-βάλλω (werfe hinaus)
	συνέλεγον	von	συλ-λέγω (sammle)
	συνέβαλλον und ἐνέβαλλον	von	συμ βάλλω und ἐμ β.
	περιέβαλλον	von	περι-βάλλω
	προύβαλλον (Krasis!)	von	προ-βάλλω.

8. Futur und Aorist I Akt. und Med. hängen an den Verbalstamm ein Sigma. Man nennt das σ den Tempuscharakter derselben, z. B. παιδεύ-σω, παιδεύ-σομαι, ἐπαίδευ-σα, ἐπαιδευ-σάμην. Die Flexion des Futurs ist ganz die des Präsens; doch fehlen Konjunktiv und Imperativ.

9. Der Aorist I Akt. und Med. hat α zum Bindevokal; charakteristisch ist daher für ihn die Silbe σα in der Endung. Im Optativ verschmilzt dieses σα mit dem Moduszeichen ι zu σαι. Nur der Konjunktiv hat dieselben Vokale ω und η wie das Präsens.

10. Betonung. a) Der Accent tritt in der Konjugation so weit als möglich von der Endsilbe zurück. Composita nehmen ihn wo möglich auf den ersten Bestandteil. Jedoch darf er nie über das Augment zurückweichen. Z. B. ἀπόλυε, ἀπόλυσον, ἀπέλυσε(ν), aber προσῆγον, εἰσῆγον.

b) Im Optativ gelten αι und οι als Längen. Dies ist wichtig für die Bedeutung dreier gleichlautenden Formen im Aor. I. Merke:

3. Sing. Opt. Act.	Inf. Act.	2. Sing. Imper. Med.
παιδεύω	παιδεῦσαι	παιδεύσαι	παίδευσαι
ἀπο-λύω	ἀπολῦσαι	ἀπολῦσαι	ἀπόλυσαι
λύω löse	λῦσαι	λῦσαι	

11. Reduplikation. Die Perfekta und Plusquamperfekta, sowie das Futurum exactum werden redupliziert.

a) Beginnt nämlich das Verb mit einem Konsonanten (aufser ρ), so wird dieser mit ε vor dem Stamme wiederholt. Aus St. παιδευ wird dann πε-παίδευκα, πε-παίδευμαι, πε-παιδεύσομαι.

b) Beginnt aber dasselbe mit einer muta cum liquida, so wird nur die muta redupliziert; z. B. πε-πρέσβευκα von πρεσβεύω (bin Gesandter).

c) Beginnt das Verb dagegen mit zwei andern Konsonanten oder einem Doppelkonsonanten, so wird ein einfaches ε vorgesetzt, z. B. ἐ-στράτευμαι von στρατεύομαι. Anm. Auch die mit ρ anlautenden Verba haben blofses ε, aber wiederum verdoppeltes ρ.

d) Beginnt dasselbe endlich mit einem Vokal, so wird dieser nur gedehnt und zwar gerade so wie beim Augment, z. B. ἠγόρευκα, ᾤδευκα von ἀγορεύω, ὁδεύω.

e) Bei den Verben, die mit einer aspirata beginnen, mufs dieselbe in die verwandte tenuis übergehen, z. B. τέ-θυκα von θύω (opfere), πε-φύτευμαι von φυτεύω (pflanze), κέ-χρικα von χρίω (salbe).

12. In den Plusquamperfekten tritt das Augment vor die Reduplikation; z. B. *l-πε-παιδεύ-κειν*, *l-πε-παιδεύ-μην*.

13. Das Präsens, Imperfekt, Perfekt und Plusquamperfekt Medii wird auch als Passiv benutzt. Nur Aorist I und Futur Pass. haben eigene Formen. Der Aorist I endet auf *θην* (aktive Endungen), das Futur auf *θήσομαι*. Das Futurum exactum P. endlich endet zwar wie das Futur Medii auf *σομαι*, ist aber stets redupliziert, z. B. *l-παιδεύ-θην*, *παιδευ-θή-σομαι*, *πε-παιδεύ-σομαι*.

Anm. Merke *lτέθην* statt *lθύθην*.

§ 33. Unterschied des Präsensstamms vom reinen oder Verbalstamme.

1. Man muß den Präsensstamm vom reinen Stamm (Verbalstamm) unterscheiden.

2. Der Auslaut des reinen Stammes heißt Stammcharakter. Nach diesem zerfallen die Verba in drei Klassen:

a) verba vocalia (pura), z. B. *παιδεύω*, *μηνύω*, *χρίω*, *παλαίω*, *ἀκούω*, *καύω*, *σείω*. Wenn diese aber auf *άω*, *έω*, *όω* enden, so werden sie kontrahiert und heißen verba contracta.

b) verba muta, z. B. *γράφω* (schreibe), *διώκω* (verfolge), *πείθω* (überrede).

c) verba liquida, z. B. *ἀγγέλλω*, *μένω*, *νέμω*, *δέρω*.

3. Viele verba muta, welche einen P-Laut zum Stammcharakter haben, fügen im Präsensstamm ein *τ* hinzu; z. B.:

a) *βλάπτω* (schade) hat *β* zum Stamm.

b) *βάπτω* (tauche), *θάπτω* (begrabe), *ῥίπτω* (werfe), *σκάπτω* (grabe) haben *φ* zum Stamm.

c) Die meisten haben *π* zum Stamm; z. B. *τύπτω* (schlage), *κόπτω* (haue).

4) a) Bei vielen verbis mutis, welche einen K-Laut zum Charakter haben, geht der K-Laut mit j in die Lautgruppe *ττ* (*σσ*) über; z. B.:

$$\text{φυλάττω (bewache)} = \text{φυλακjω, Verbalst. φυλακ.}$$
$$\text{τάττω (stelle)} = \text{ταγjω, Verbalst. ταγ,}$$
$$\text{ταράττω (verwirre)} = \text{ταραχjω, Verbalst. ταραχ.}$$

b) Bei vielen verbis mutis, welche *δ* zum Charakter haben, geht *δ* mit j in *ζ* über; z. B.

$$\text{ἐλπίζω (hoffe)} = \text{ἐλπίδjω, Verbalst. ἐλπιδ,}$$
$$\text{σκευάζω (bereite)} = \text{σκευαδjω, Verbalst. σκευαδ.}$$

Anm. 1. Von den Verben auf *ττω* (*σσω*) haben einen T-Laut zum Charakter *ἁρμόττω* (füge), *πλάττω* (bilde).

2. Von den Verben auf *ζω* haben *γ* zum Charakter bes. diejenigen, welche einen Ton bezeichnen, z. B. *κράζω* (schreie), *οἰμώζω* (wehklage); außerdem *στίζω* (steche).

3) *κλάζω* (klinge) und *σαλπίζω* (trompete) haben *γγ* zum Charakter.

3*

§ 34. Verba muta.

Perfectum Medii und Passivi.

ich habe mir bereitet, ich bin bereitet worden	ich habe mir beschädigt, ich bin beschädigt worden	ich habe mir geordnet, ich bin geordnet worden
ἐ-σκεύασ-μαι	βέ-βλαμ-μαι	τέ-ταγ-μαι
ἐ-σκεύα-σαι	βέ-βλα-ψαι	τέ-τα-ξαι
ἐ-σκεύασ-ται	βέ-βλαπ-ται	τέ-τακ-ται
ἐ-σκεύα-σθον	βέ-βλαφ-θον	τέ-ταχ-θον
ἐ-σκεύα-σθον	βέ-βλαφ-θον	τέ-ταχ-θον
ἐ-σκευάσ-μεθα	βε-βλάμ-μεθα	τε-τάγ-μεθα
ἐ-σκεύα-σθε	βέ-βλαφ-θε	τέ-ταχ-θε
ἐ-σκευασ-μένοι εἰσί(ν)	βε-βλαμ-μένοι εἰσίν)	τε-ταγ-μένοι εἰσί(ν)

ἐ-σκευασ-μένος ὦ	βε-βλαμ-μένος ὦ	τε-ταγ-μένος ὦ

ἐ-σκευασ-μένος εἴην	βε-βλαμ-μένος εἴην	τε-ταγ-μένος εἴην

ἐ-σκεύα-σο	βέ-βλα-ψο	τέ-τα-ξο
ἐ-σκευά-σθω	βε-βλάφ-θω	τε-τάχ-θω
ἐ-σκεύα-σθον	βε-βλάφ-θον	τε-τάχ-θον
ἐ-σκευά-σθων	βε-βλάφ-θων	τε-τάχ-θων
ἐ-σκεύα-σθε	βέ-βλαφ-θε	τέ-ταχ-θε
ἐ-σκευά-σθων oder	βε-βλάφ-θων oder	τε-τάχ-θων oder
ἐ-σκευά-σθωσαν	βε-βλάφ-θωσαν	τε-τάχ-θωσαν

ἐ-σκευά-σθαι	βε-βλάφ-θαι	τε-τάχ-θαι

ἐ-σκευασ-μένος	βε-βλαμ-μένος	τε-ταγ-μένος

Plusquamperf. Medii und Passivi.

ich hatte mir bereitet, ich war bereitet worden	ich hatte mir beschädigt, ich war beschädigt worden	ich hatte mir geordnet, ich war geordnet worden
ἐ-σκευάσ-μην	ἐ-βε-βλάμ-μην	ἐ-τε-τάγ-μην
ἐ-σκεύα-σο	ἐ-βέ-βλα-ψο	ἐ-τέ-τα-ξο
ἐ-σκεύασ-το	ἐ-βέ-βλαπ-το	ἐ-τέ-τακ-το
ἐ-σκεύα-σθον	ἐ-βέ-βλαφ-θον	ἐ-τέ-ταχ-θον
ἐ-σκευά-σθην	ἐ-βε-βλάφ-θην	ἐ-τε-τάχ-θην
ἐ-σκευάσ-μεθα	ἐ-βε-βλάμ-μεθα	ἐ-τε-τάγ-μεθα
ἐ-σκεύα-σθε	ἐ-βέ-βλαφ-θε	ἐ-τέ-ταχ-θε
ἐ-σκευασ-μένοι ἦσαν	βε-βλαμ-μένοι ἦσαν	τε-ταγ-μένοι ἦσαν

Futurum exactum (Passivi).

(ich werde bereitet sein)	(ich werde beschädigt sein)	(ich werde geordnet sein)
ἐ-σκευά-σ-ο-μαι	βε-βλά-ψ-ο-μαι	τε-τά-ξ-ο-μαι

gewöhnlich umschrieben:

ἐσκευασμένος ἔσομαι

§ 35. Vergleichende Übersicht.

Präsens	St.	Futur Akt.	Aorist 1. Akt.	Perf. Akt.	Perf. Med.	Aor. 1. Pass.	Fut. Pass.
παιδεύω	παιδευ	παιδεύσω	ἐπαίδευσα	πε-παίδευ-κ-α (I)	πεπαίδευμαι	ἐπαιδεύθην	παιδευθήσομαι
σκευάζω	σκευαδ	σκευάσω	ἐσκεύασα	ἐ-σκευά-κ-α (I)	ἐσκεύασμαι	ἐσκευάσθην	σκευασθήσομαι
πλάττω	πλατ	πλάσω	ἔπλασα	πέ-πλά-κ-α (I)	πέπλασμαι	ἐπλάσθην	πλασθήσομαι
βλάπτω	βλαβ	βλάψω	ἔβλαψα	βέ-βλαφ-α (II)	βέβλαμμαι	ἐβλάφθην	βλαβήσομαι (II).
τάττω	ταγ	τάξω	ἔταξα	τέ-ταχ-α (II)	τέταγμαι	ἐτάχθην	ταχθήσομαι
στίζω	στιγ	στίξω	ἔστιξα		ἔστιγμαι	ἐστίχθην	
κλάζω	κλαγγ	κλάγξω	ἔκλαγξα	κέ-κλαγγ-α (II)			

§ 36. Konsonantveränderungen der verba muta.

1. Für das Zusammentreffen der mutae ist zu bemerken, daß in der Konjugation (gerade wie in der 3. Dekl.) das σ mit einem K-Laut zu ξ, mit einem P-Laut zu ψ wird, und daß ein T-Laut vor σ ausfällt. Z. B.:

von St. βλαβ wird Fut. βλάψω und Aorist ἔβλαψα,

„ „ ταγ „ „ τάξω „ „ ἔταξα,

„ „ σκευαδ „ „ σκευάσω „ „ ἐσκεύασα.

Aus βέβλαβ-σαι wird βέβλαψαι,

„ τετάγ-σαι „ τέταξαι,

„ ἐσκεύαδ-σαι „ ἐσκεύασαι.

2. Ein K-Laut oder P-Laut muß vor einem T-Laut dessen Lautstufe annehmen, sodaß
vor τ nur π und κ (tenues),
vor θ nur φ und χ (aspiratae) stehen können.

Z. B. aus τέταγ -ται wird τέτακται,

„ γέγραφ-ται „ γέγραπται,

„ ταγ-θῆναι „ ταχθῆναι,

„ ἐβλάβ-θην „ ἐβλάφθην

3. Vor μ gehen K-Laute in γ, T-Laute in σ, P-Laute in μ über; z. B.:
aus δεδίωκ-μαι wird δεδίωγμαι, vgl. δεδιώγμεθα, δεδιωγμένος.

„ πέπειθ-μαι „ πέπεισμαι, „ πεπεισμένος.

„ γέγραφ-μαι „ γέγραμμαι, „ γεγραμμένος.

4. T-Laut vor T-Laut geht in σ über; z. B.: aus ἐπείθ-θην wird ἐπείσθην,

„ πέπειθ-ται „ πέπεισται.

5. Ein T-Laut vor κ fällt aus; z. B. aus ἐσκεύαδ-κα wird ἐσκεύακα.

6. σ wird ausgestoßen, wenn es zwischen zwei Konsonanten zu stehen kommt; z. B.:
aus βέβλάβ -σθαι wird zunächst βεβλάβ -θαι, dann βεβλάφθαι.

„ τετάγ -σθαι „ „ τετάγ -θαι, „ τετάχθαι.

„ ἐσκεύαδ-σθαι „ „ ἐσκεύαδ-θαι, „ ἐσκευάσθαι.

vgl. βέβλαφθε, ἐβέβλαφθε u. s. w.

7. Um das Zusammentreffen dreier Konsonanten in der 3. Pl. Perf. und Plusqu. Med. und Pass. zu vermeiden, umschreibt man sie durch das Particip. Perf. mit *εἰσί* und *ἦσαν*; z. B.: *βεβλαμμένοι εἰσί(ν)* und *ἦσαν* statt *βέβλαβ-νται* und *ἐβέβλαβ-ντο*. Ebenso sagt man *τεταγμένοι, ἐσκευασμένοι εἰσί(ν)* und *ἦσαν*.

§ 37. Tempora secunda. Perfekt II.

1. Die P- und K-Stämme bilden im Perfekt Akt. sowie in den Aoristen Akt. Med. und Pass. Tempora secunda, und zwar vom reinen Stamm. Deshalb können verba vocalia nie Tempora secunda haben.

2. Im Perfectum II. Akt. a) wird entweder an den reinen Stamm ein einfaches α gehängt, z. B.

γράφω	St. *γραφ*	Perf. II.	*γέγραφα*,
φρίσσω	„ *φρικ*	„ „	*πέφρικα* (schaudere),
κλάζω	„ *κλαγγ*	„ „	*κέκλαγγα.*

Hierbei wird das *ε* in einsilbigen Stämmen in o umgelautet: z. B.:

τρέφω	St. *τρεφ*	Perf. II.	*τέτροφα* (ernähre).
στρέφω	„ *στρεφ*	„ „	*ἔστροφα* (wende).

b) oder der auslautende Stamm wird aspiriert; z. B.

διώκω	St. *διωκ*	Perf. II.	*δεδίωχα,*
φυλάττω	„ *φυλακ*	„ „	*πεφύλαχα,*
τάττω	„ *ταγ*	„ „	*τέταχα,*
ἄγω	„ *ἀγ*	„ „	*ἦχα,*
κόπτω	„ *κοπ*	„ „	*κέκοφα,*
βλάπτω	„ *βλαβ*	„ „	*βέβλαφα.*

Anm. *πράττω* bildet sowohl *πέπραχα* (ich habe gehandelt) als *πέπραγα* (ich befinde mich).

3. *τρέπω* (wende), *κλέπτω* (stehle) und *πέμπω* (schicke) aspirieren den auslautenden Stamm und haben trotzdem den Umlaut o; also *τέτροφα, κέκλοφα, πέπομφα.*

4. Die verschiedenen Modi des Perf. II. sowie des Plusquamperf. II. werden ganz regelmäßig nach dem Indikativ gebildet; z. B.

τέταχα, ἐτετάχειν, τετάχω, τετάχοιμι, τέταχε, τεταχέναι, τεταχώς, υῖα, ός.
ἔστροφα, ἐστρόφειν, ἐστρόφω, ἐστρόφοιμι, ἔστροφε, ἐστροφέναι, ἐστροφώς.

§ 38. Die zweiten Aoriste.

Präsens λείπ-ω (verlasse) und τρέπ-ομαι (wende mich).

	Aor. II. Act.	Aor. II. Med.	Aor. II. Pass.
Ind. S.	ἔ-λιπ-ο-ν	ἐ-τραπ-ό-μην	ἐ-τράπ-η-ν
	ἔ-λιπ-ε-ς	ἐ-τράπ-ου	ἐ-τράπ-η-ς
	ἔ-λιπ-ε(ν)	ἐ-τράπ-ετο	ἐ-τράπ-η
Pl.	ἐλίπομεν	ἐτραπόμεθα	ἐτράπημεν
	ἐλίπετε	ἐτράπεσθε	ἐτάπητε
	ἔλιπον	ἐτράποντο	ἐτράπησαν
Konj. S.	λίπ-ω	τράπ-ω-μαι	τραπ-ῶ
	λίπ-ῃ-ς	τράπ-ῃ	τραπ-ῇ-ς
	λίπ-ῃ	τράπ-ηται	τραπ-ῇ
Pl.	λίπωμεν	τραπώμεθα	τραπῶμεν
	λίπητε	τράπησθε	τραπῆτε
	λίπωσι(ν)	τράπωνται	τραπῶσι(ν)
Opt. S.	λίπ-οι-μι	τράπ-οί-μην	τραπ-είη-ν
	λίπ-οι-ς	τράπ-οι-ο	τραπ-είη-ς
	λίπ-οι	τράπ-οι-το	τραπ-είη
Pl.	λίποιμεν	τραποίμεθα	τραπείημεν
	λίποιτε	τράποισθε	τραπείητε
	λίποιεν	τράποιντο	τραπείησαν (-εῖεν)
Imp. S.	λίπ-ε	τράπ-οῦ (Accent!)	τράπ-η-θι
	λιπ-έ-τω	τράπ-έ-σθω	τραπ-ή-τω
Pl.	λίπ-ε-τε	τράπ-ε-σθε	τράπ-η-τε
	λιπέτωσαν od.	τραπέσθωσαν od.	τραπήτωσαν od.
	λιπόντων	τραπέσθων	τραπέντων
Inf.	λιπ-εῖν (Accent!)	τράπ-έ-σθαι (Accent!)	τραπ-ῆ-ναι
Part.	λιπ-ών	τραπ-ό-μενος,	τραπ-είς, τραπ-
	λιπ-οῦσα	η, ον	εῖσα, τραπ-έν,
	λιπ-όν		G. τραπ-έ-ντ-ος
Gen.	λιπ-ό-ντ-ος		Fut. II. Pass.
	(Accent!)		τραπ-ή-σομαι

— 40 —

1. Der zweite Aor. Akt. und Medii wird gebildet, indem man ohne Tempuscharakter (mit Hilfe der Bindevokale *o* und *ε*) die Endungen an den reinen Stamm fügt. Der Indik. gleicht in seinen Endungen dem Imperfekt, die übrigen Formen den entsprechenden Formen des Präsens. Merke den Accent in den einzelnen Modis!

Anm. Von einigen Verben ist nur durch Veränderung des Stammes ein Aor. II. möglich geworden:
πέτομαι (fliege) Imperf. ἐπετόμην Aor. II ἐπτόμην (Syncope)
ἄγω (treibe) „ ἦγον „ ἤγαγον (Reduplikation).

2. Der zweite Aorist Passivi wird gebildet, indem an den reinen Stamm die Endung des Aor. I. Pass. angehängt wird. Doch fehlt stets das ϑ. Die Flexion ist daher ganz ebenso, wie die des Aor. I. P., nur dafs im Imper. die Endung ϑι ist. Wie von dem Aor. I. P. ein Fut. I. P. auf ϑήσομαι, so wird auch von dem Aor. II. P. ein Fut. II. P. auf ήσομαι gebildet.

3. Im Aorist II Pass. geht das ε einsilbiger Stämme in α über z. B.:

κλέπτω Verbalst. κλεπ Aor. II. ἐκλάπην
τρέπω „ τρεπ „ ἐτράπην
τρίφω „ τριφ „ ἐτράφην
στρέφω „ στρεφ „ ἐστράφην.

Anm. Das ε bleibt unverändert in ἔτεκον (τίκτω gebäre) und συν-ελέγην (συλλέγω colligo).

4. a. Sämtliche Aoriste hat kein Verb.

b) Beide Aoriste des Passivs haben ohne Unterschied der Bedeutung neben einander:

βλάπτω ἐβλάφϑην und ἐβλάβην
ῥίπτω ἐῤῥίφϑην und ἐῤῥίφην
ἀλλάττω (ändere): ἠλλάχϑην und ἠλλάγην.

c) Nur den Aor. II. Activi und Medii haben

	Stamm.	Aor. II.	Imperf.
ἄγω	ἀγ	ἤγαγον	(ἦγον)
τίκτω	τεκ	ἔτεκον	(ἔτικτον)
ἀνα-κράζω (schreie)	κραγ	ἀν-έκραγον	(ἀν-έκραζον).

Anm. Von Verbis anomalis sind die gebräuchlichsten zweiten Aoriste Act. und Med.:
ἐγενόμην (γίγνομαι werde), ἔκαμον (κάμνω werde müde),
ἔφυγον (φεύγω fliehe), ἔλαβον (λαμβάνω nehme),
ἔτεμον (τέμνω schneide), εὗρον (εὑρίσκω finde),
ἦλϑον (ἔρχομαι komme),
εἶδον Konj. ἴδω (ὁράω sehen),
εἶπον Konj. εἴπω (λέγω sage).

Bei den fünf letzten hat die 2. Sing. Imper. des Aktivs den Accent auf der ultima: λαβέ, εὑρέ, ἐλϑέ, ἰδέ, εἰπέ (aber ἔπελϑε, εἴσιϑι); die 2. Plur. accentuiert regelmäfsig, also λάβετε.

5. Nur den Aor. II. bilden im Passiv:

	St.				St.		
γράφω	St.	γραφ	ἐγράφην	στρέφω	St.	στρεφ	ἐστράφην
βάπτω	„	βαφ	ἐβάφην	κλέπτω	„	κλεπ	ἐκλάπην
σκάπτω	„	σκαφ	ἐσκάφην	κόπτω	„	κοπ	ἐκόπην
θάπτω	„	ταφ	ἐτάφην	σφάττω	„	σφαγ	ἐσφάγην
τρέφω	„	τρεφ	ἐτράφην	συλ-λέγω	„	λεγ	συν-ελέγην.

Anm. Den Umlaut α haben im Passiv τρέπω, τρέφω und στρέφω; z. B.

Perf. Pass. τέτραμμαι, τέθραμμαι, ἔστραμμαι,
Aor. II. Pass. ἐτράπην, ἐτράφην, ἐστράφην,

τρέπω bildet auch ἐτραπόμην.

— 42 —

Activa.

	Präs. Indik.	Imperf.	Präs. Konj.	Präs. Optativ.	Präs. Imperat.
S. 1.	τιμῶ	ἐτίμων	τιμῶ	τιμῴην	
2.	τιμᾷς	ἐτίμας	τιμᾷς	τιμῴης	τίμα
3.	τιμᾷ	ἐτίμα	τιμᾷ	τιμῴη	τιμάτω
D. 2.	τιμᾶτον	ἐτιμᾶτον	τιμᾶτον	τιμῷτον	τιμᾶτον
3.	τιμᾶτον	ἐτιμάτην	τιμᾶτον	τιμῴτην	τιμάτων
Pl. 1.	τιμῶμεν	ἐτιμῶμεν	τιμῶμεν	τιμῷμεν	
2.	τιμᾶτε	ἐτιμᾶτε	τιμᾶτε	τιμῷτε	τιμᾶτε
3.	τιμῶσι(ν)	ἐτίμων	τιμῶσι(ν)	τιμῷεν	τιμώντων od. τιμάτωσαν

Präs. Inf.
τιμᾶν

Präs. Part.: τιμῶν   Gen. τιμῶντος
τιμῶσα   τιμώσης
τιμῶν   τιμῶντος

S. 1.	ποιῶ	ἐποίουν	ποιῶ	ποιοίην	
2.	ποιεῖς	ἐποίεις	ποιῇς	ποιοίης	ποίει
3.	ποιεῖ	ἐποίει	ποιῇ	ποιοίη	ποιείτω
D. 2.	ποιεῖτον	ἐποιεῖτον	ποιῆτον	ποιοῖτον	ποιεῖτον
3.	ποιεῖτον	ἐποιείτην	ποιῆτον	ποιοίτην	ποιείτων
Pl. 1.	ποιοῦμεν	ἐποιοῦμεν	ποιῶμεν	ποιοῖμεν	
2.	ποιεῖτε	ἐποιεῖτε	ποιῆτε	ποιοῖτε	ποιεῖτε
3.	ποιοῦσι(ν)	ἐποίουν	ποιῶσι(ν)	ποιοῖεν	ποιούντων od. ποιείτωσαν

Präs. Inf.
ποιεῖν

Präs. Part.: ποιῶν   Gen. ποιοῦντος
ποιοῦσα   ποιούσης
ποιοῦν   ποιοῦντος

S. 1.	δουλῶ	ἐδούλουν	δουλῶ	δουλοίην	
2.	δουλοῖς	ἐδούλους	δουλοῖς	δουλοίης	δούλου
3.	δουλοῖ	ἐδούλου	δουλοῖ	δουλοίη	δουλούτω
D. 2.	δουλοῦτον	ἐδουλοῦτον	δουλῶτον	δουλοῖτον	δουλοῦτον
3.	δουλοῦτον	ἐδουλούτην	δουλῶτον	δουλοίτην	δουλούτων
Pl. 1.	δουλοῦμεν	ἐδουλοῦμεν	δουλῶμεν	δουλοῖμεν	
2.	δουλοῦτε	ἐδουλοῦτε	δουλῶτε	δουλοῖτε	δουλοῦτε
3.	δουλοῦσι(ν)	ἐδούλουν	δουλῶσι(ν)	δουλοῖεν	δουλούντων od. δουλούτωσαν

Präs. Inf.
δουλοῦν

Präs. Part. δουλῶν   Gen. δουλοῦντος
δουλοῦσα   δουλούσης
δουλοῦν   δουλοῦντος

— 43 —

contracta.

Medium und Passivum.

	Präs. Indik.	Imperf.	Präs. Konj.	Präs. Optativ.	Präs. Imperat.
S. 1.	τιμῶμαι	ἐτιμώμην	τιμῶμαι	τιμῴμην	
2.	τιμᾷ	ἐτιμῶ	τιμᾷ	τιμῷο	τιμῶ
3.	τιμᾶται	ἐτιμᾶτο	τιμᾶται	τιμῷτο	τιμάσθω
D. 2.	τιμᾶσθον	ἐτιμᾶσθον	τιμᾶσθον	τιμῷσθον	τιμᾶσθον
3.	τιμᾶσθον	ἐτιμάσθην	τιμᾶσθον	τιμῴσθην	τιμάσθων
Pl. 1.	τιμώμεθα	ἐτιμώμεθα	τιμώμεθα	τιμῴμεθα	
2.	τιμᾶσθε	ἐτιμᾶσθε	τιμᾶσθε	τιμῷσθε	τιμᾶσθε
3.	τιμῶνται	ἐτιμῶντο	τιμῶνται	τιμῷντο	τιμάσθων od.
					τιμάσθωσαν

Präs. Inf.
τιμᾶσθαι

Präs. Part. τιμώμενος
τιμωμένη
τιμώμενον

S. 1.	ποιοῦμαι	ἐποιούμην	ποιῶμαι	ποιοίμην	
2.	ποιῇ, ποιεῖ	ἐποιοῦ	ποιῇ	ποιοῖο	ποιοῦ
3.	ποιεῖται	ἐποιεῖτο	ποιῆται	ποιοῖτο	ποιείσθω
D. 2.	ποιεῖσθον	ἐποιεῖσθον	ποιῆσθον	ποιοῖσθον	ποιεῖσθον
3.	ποιεῖσθον	ἐποιείσθην	ποιῆσθον	ποιοίσθην	ποιείσθων
Pl. 1.	ποιούμεθα	ἐποιούμεθα	ποιώμεθα	ποιοίμεθα	
2.	ποιεῖσθε	ἐποιεῖσθε	ποιῆσθε	ποιοῖσθε	ποιεῖσθε
3.	ποιοῦνται	ἐποιοῦντο	ποιῶνται	ποιοῖντο	ποιείσθων od.
					ποιείσθωσαν

Präs. Inf.
ποιεῖσθαι

Präs. Part. ποιούμενος
ποιουμένη
ποιούμενον

S. 1.	δουλοῦμαι	ἐδουλούμην	δουλῶμαι	δουλοίμην	
2.	δουλοῖ	ἐδουλοῦ	δουλοῖ	δουλοῖο	δουλοῦ
3.	δουλοῦται	ἐδουλοῦτο	δουλῶται	δουλοῖτο	δουλούσθω
D. 2.	δουλοῦσθον	ἐδουλοῦσθον	δουλῶσθον	δουλοῖσθον	δουλοῦσθον
3.	δουλοῦσθον	ἐδουλούσθην	δουλῶσθον	δουλοίσθην	δουλούσθων
Pl. 1.	δουλούμεθα	ἐδουλούμεθα	δουλώμεθα	δουλοίμεθα	
2.	δουλοῦσθε	ἐδουλοῦσθε	δουλῶσθε	δουλοῖσθε	δουλοῦσθε
3.	δουλοῦνται	ἐδουλοῦντο	δουλῶνται	δουλοῖντο	δουλούσθων od.
					δουλούσθωσαν

Präs. Inf.
δουλοῦσθαι

Präs. Part. δουλούμενος
δουλουμένη
δουλούμενον

6*

1. Bei den Verben auf αω wird

$$\left.\begin{array}{c}αε \\ αη\end{array}\right\} \text{ in } α, \quad \left.\begin{array}{c}αει \\ αη\end{array}\right\} \text{ in } ᾳ, \quad \left.\begin{array}{c}αο \\ αου \\ αω\end{array}\right\} \text{ in } ω, \; αοι \text{ in } ῳ$$

kontrahiert. Daher ist der Konjunktiv gleich dem Indikativ.

Ausn. Statt des Kontraktionslautes ā haben η — die Verba: ζῆν (leben), πεινῆν (hungern), διφῆν (dürsten), χρῆσθαι (gebrauchen), χρῆν (Orakel geben), z. B.:

Pr. Ind. u. Konj.	ζῶ	ζῶμεν	Imp.	ἔζων	ἐζῶμεν
	ζῇς	ζῆτε		ἔζης	ἐζῆτε
	ζῇ	ζῶσι(ν)		ἔζη	ἔζων.

2. Bei den Verben auf εω wird

εε in ει, εο in ου

kontrahiert; ein langer Vokal oder ein Diphthong verschlingt jedoch das vorhergehende ε.

Ausn. Die einsilbigen Stämme auf ε lassen nur die Kontraktion in ει zu. Nur δεῖν (binden) kontrahiert überall, zum Unterschiede von δέω (ermangle).

Pr. Ind.	Imperf.	Pr. Konj.		
πλέω (schiffe)	ἔπλεον	πλέω	Opt.	πλέοιμι(!)
πλεῖς	ἔπλεις	πλέῃς	Imper.	πλεῖ, πλείτω
πλεῖ	ἔπλει	πλέῃ	Inf.	πλεῖν
πλέομεν	ἐπλέομεν	πλέωμεν	Part.	πλέων
πλεῖτε	ἐπλεῖτε	πλέητε		πλέουσα
πλέουσι(ν)	ἔπλεον	πλέωσι(ν)		πλέον

3. Bei den Verben auf οω wird

$$\left.\begin{array}{c}οε \\ οο \\ οου\end{array}\right\} \text{ in } ου, \quad \left.\begin{array}{c}οη \\ οω\end{array}\right\} \text{ in } ω, \quad \left.\begin{array}{c}οει \\ οῃ \\ οοι\end{array}\right\} \text{ in } οι$$

kontrahiert. Merke: viermal δουλοῖ.

4. Die Verba contracta haben im Sing. des Opt. Präs. Akt. den sogenannten attischen Optativ. (Moduszeichen ιη.)

§ 40. Die Tempusbildung der verba vocalia.

1. Diejenigen verba vocalia, deren Stamm auf einen kurzen Vokal ausgeht, verlängern denselben in der Tempusbildung, aufser im Präsens und Imperfekt; ι wird in ῑ, υ in ῡ, ε wird in η, o in ω, α in η (jedoch nach ε, ι, ρ in ᾱ) verlängert; z. B.:

λύειν — λύσω   ἱδρύειν — ἵδρυσα (festsetzen)   ποιεῖν — ποιήσομαι
ἐᾶν — εἴασα   δρᾶν — δέδρᾱκα (thun)   ἐγγυᾶν — ἠγγύησα (verloben)
βοᾶν — ἐβόησον (rufen)   τιμᾶν — τετίμημαι   δουλοῦν — ἐδουλώθην.

Ausn. χρῆν und χρῆσθαι haben trotz des ρ ein η; dagegen erhält ἀκροᾶσθαι (hören) ᾱ, z. B. ἀκροᾱ-σομαι.

2. Den kurzen Vokal behalten γελᾶν (lachen), und σπᾶν (ziehen); ferner ἀλεῖν (mahlen), ἀρκεῖν (genügen), ἐμεῖν (speien), τελεῖν (vollenden), τρεῖν (zittern), αἰδεῖσθαι (sich schämen) und ἀκεῖσθαι (heilen); sowie ἀροῦν (pflügen) und ἀνύειν (vollenden); z. B. ἐ-γέλᾰ-σα, ἀρκέ-σα, τε-τέλε-κα.

Im Perf. Med. und Aor. I. Pass. haben alle diese Verba, außer ἀροῦν, unmittelbar hinter dem Stamme ein σ; z. B. ἔ-σπασ-μαι, (aber 2. S. ἔ-σπα-σαι u. s. w. ganz wie ἐσκεύκσμαι), ἐ-τελέσ-θην, ᾐδέσθην, dagegen ἠρό-θην.

3. Auch einige Verba mit langem Stammvokale haben im Perf. Med. und Aor. I. Pass. hinter dem Stamme ein σ: ἀκούω (höre), κελεύω (treibe an, befehle), κρούω (stoße), κατα-λεύω (steinige), παλαίω (ringe), σείω (erschüttere), χρίω (salbe) u. a.; z. B. ἤκουσ-μαι, ἐκρούσ-θην, χρῖσ-τός.

4. καίω (brenne) und κλαίω (weine) bilden ihre Formen von St. καυ und κλαυ; also Fut. καύσω, Aor. A. ἔκαυσα, Λ. P. ἐκαύθην, F. κλαύσομαι, A. ἔκλαυσα.

§ 41. Verba liquida.

1. Die Stämme auf λ ν ρ werden durch Anfügung von j zu Präsensstämmen erweitert (Jod-klasse).

a) Bei den Stämmen auf λ assimiliert sich das j zu λ:

ἅλλομαι (springe)	— ἁλjομαι Stamm ἁλ	στέλλω (bestelle)	— στελjω Stamm στελ
σφάλλω (mache fallen)	— σφαλjω „ σφαλ	ἀγγέλλω (melde)	— ἀγγελjω „ ἀγγελ.

b) Bei den Stämmen auf ν und ρ tritt das j als ι in die Stammsilbe zurück:

τείνω (spanne)	— τενjω Stamm τεν	καθαίρω (reinige)	— καθαρjω Stamm καθάρ
φθείρω (verderbe)	— φθερjω „ φθερ	κρίνω (scheide, richte)	— κρινjω „ κριν
φαίνω (mache sichtbar)	— φανjω „ φαν	ἀμύνω (wehre ab)	— ἀμυνjω „ ἀμῦν.

Anm. Nur wenige Verba haben im Präsens den reinen Stamm; z. B. μέν-ω (bleibe, erwarte), δέρ-ω (häute ab, schinde).

2. Das Futurum Akt. und Med. wird vom reinen Stamme in folgender Weise gebildet:

Präs.	Fut.				Fut.	
ἅλλομαι	ἁλ-ε-σ-ο-μαι	— ἁλοῦμαι	φαίνω	φαν-ε-σ-ω	— φανῶ
σφάλλω	σφαλ-ε-σ-ω	— σφαλῶ	καθαίρω	καθαρ-ε-σ-ω	— καθαρῶ
στέλλω	στελ-ε-σ-ω	— στελῶ	κρίνω	κριν-ε-σ-ω	— κρινῶ
ἀγγέλλω	ἀγγελ-ε-σ-ω	— ἀγγελῶ	ἀμύνω	ἀμυν-ε-σ-ω	— ἀμυνῶ
φθείρω	φθερ-ε-σ-ω	— φθερῶ	κάμνω	καμ-ε-σ-ομαι	— καμοῦμαι.

Anm. 1. Der Optat. im Akt. geht wie bei den verbis contractis auf οίην, die 2. Sing. Indik. im Med. auf εῖ aus: στελοίην, στελεῖ.

Anm. 2. Die Futurbildung auf ᾱ, οῦμαι (= ίω, ίομαι) hat sich von den verbis liquidis aus weiter verbreitet; so geht bei den mehr als zweisilbigen Verben auf ίζω das Fut. Act. und Med. regelmäßig auf ιῶ ιοῦμαι aus; z. B. ἀφανίζω (mache unsichtbar) Fut. ἀφανιῶ, κομίζω (bringe) Fut. κομιῶ, κομιοῦμαι.

3. Der Aor. l. Akt. und Med. wird vom reinen Stamme gebildet. Statt der Bildung mit σ wird der Stammvokal gedehnt, und zwar α zu η (nach ε und ρ zu ᾱ), ε zu ει, ῑ und ῠ zu ῑ und ῡ.

Präs. σφάλλω	Aor. l. ἔσφηλα	ἀγγέλλω	ἤγγειλα
φαίνω	ἔφηνα	μίνω	ἔμεινα
μιαίνω (beflecke)	ἐμίανα	κρίνω	ἔκρινα
περαίνω (vollende)	ἐπέρανα	ἀμύνω	ἤμυνα

A n m. αἴρω (hebe), ἅλλομαι und κερδαίνω (gewinne) verlängern das α des Verbalstammes im Aor. nicht in η, sondern in ᾱ; z. B.: ἆρον, ἀλάμενος, ἐκέρδᾱνα. (In ἦρα und ἡλάμην ist daher η nur Zeichen des Augments.)

4. Die übrigen Tempora (Perf. I. und Plusq. I. Akt., Perf. und Plusq. Med., Aor. l und Fut. I. Pass.) werden regelmäßig vom reinen Stamme gebildet. Z. B.

	Perf.	Aor. I. P.	Fut. P.
ἤγγελ-κ-α	ἤγγελμαι	ἠγγέλθην	ἀγγελθήσομαι
κεκάθαρ-κ-α	κεκάθαρμαι	ἐκαθάρθην	καθαρθήσομαι
μεμίαγ-κ-α	μεμίασμαι	ἐμιάνθην	μιανθήσομαι.

Doch geht das ε einsilbiger Stämme in α über; ferner werfen κρίνω, κλίνω (neige), πλύνω (wasche), τείνω ihr ν aus.

Stamm	Perf.	Aor. l. P.	Fut. P.
στελ	ἔ-σταλ-κα	ἔ-σταλ-μαι	ἐ-τά-θην	τα-θήσομαι
τεν	τέ-τᾰ-κα	τέ-τᾰ-μαι,	ἐ-τά-θην	τα-θήσομαι
κριν	κέ-κρῐ-κα	κέ-κρῐ-μαι	ἐ-κρί-θην	κρι-θήσομαι.

A n m. Die 3 Verba βάλλω, κάμνω, τέμνω bilden diese Tempora vom umgestellten (Metathesis!) und verlängerten Stamme: βλη statt βαλ, κμη statt καμ, τμη statt τεμ, also: βέβλημαι, κέκμηκα, ἐτμήθην.

5. Das Perfectum II. Act. wird gebildet von:

θάλλω (sprosse)	τέθηλα
μαίνομαι (rase)	μέμηνα
ἀποκτείνω (töte)	ἀπέκτονα.

Von φαίνω ist das Perf. I. πέφαγκα transitiv (ich habe sichtbar gemacht), das Perf. II. πέφηνα intransitiv (ich bin sichtbar, erscheine); ebenso Aor. I. ἐφάνθην (ich wurde gezeigt) und Aor. II. ἐφάνην (ich erschien).

A n m. Das Perf. Med. wird folgendermaßen konjugiert:

S.	1.	πέφασμαι	aber	τέταμαι	und	κέκριμαι
	3.	πέφανται		τέταται		κέκριται
Pl.	1.	πεφάσμεθα		τετάμεθα		κεκρίμεθα
	2.	πέφανθε		τέτασθε		κέκρισθε
	3.	πεφασμένοι εἰσί(ν)		τέτανται		κέκρινται.
Inf.	1.	πεφάνθαι;		τετάσθαι		κεκρίσθαι.

6. Den Aor. II. Act. und Med. haben folgende:

βάλλω (werfe)	βᾰλ	ἔβαλον		κάμνω	κᾰμ	ἔκαμον
ἐγείρω (wecke)	ἐγ(ε)ρ	ἠγρόμην		τέμνω	τεμ	ἔτεμον.

7. Den Aor. II. Pass. haben folgende:

μαίνομαι	μᾰν	ἐμάνην	δέρω	δερ	ἐδάρην
φαίνομαι	φᾰν	ἐφάνην	κείρω (schere)	κερ	ἐκάρην
σφάλλω	σφᾰλ	ἐσφάλην	σπείρω (säe)	σπερ	ἐσπάρην
στέλλω	στελ	ἐστάλην	φθείρω	φθερ	ἐφθάρην.

§ 42. Attische Reduplikation.

		Perfectum Activi	Perf. Med. (Pass.)
ἀγείρω (versammle)		I. ἀγ-ήγερ-κα	ἀγ·ήγερ-μαι
ἀκούω		II. ἀκ-ήκο-α	ἤκου-σ-μαι
ἀλείφω (salbe)		II. ἀλ-ήλιφ-α	ἀλ-ήλιμ-μαι
ἀλεῖν		I. ἀλ-ήλε-κα	ἀλ-ήλε-σ-μαι
ἀροῦν			ἀρ-ήρο-μαι
ἐγείρω		I. ἐγ-ήγερ-κα (trans.)	ἐγ-ήγερ μαι
		II. ἐγρ-ήγορ-α (bin wach)	
ἐσθίω (esse)	St. ἐδε	I. ἐδ·ήδυ-κα	ἐδ-ήδε-σ-μαι
ἐλαύνω (treibe)	St. ἐλα	I. ἐλ-ήλα-κα	ἐλ-ήλα-μαι
ἐλέγχω (beweise, prüfe)			ἐλ-ήλεγ-μαι
ἔρχομαι	St. ἐλυθ	II. ἐλ-ήλυθ-α	
ἐμεῖν		I. ἐμ-ήμε-κα	ἐμ-ήμε-σ-μαι
φέρω (fero)	St. ἐνεκ	II. ἐν-ήνοχ-α	ἐν-ήνεγ-μαι
ἐρείδω (stütze)		I. ἐρ-ήρει-κα	ἐρ-ήρεισ-μαι
ὄζω (rieche intr.)	St. ὀδ	II. ὀδ-ωδ-α	
ἀπ-όλλυμι (perdo)	St. ὀλε	I. ἀπ-ολ-ώλε-κα (perdidi)	
ἀπόλλυμαι (pereo)	St. ὀλ	II. ἀπ-όλ-ωλ-α (perii)	
ὄμνυμι (schwöre)	St. ὀμο	I. ὀμ-ώμο-κα	ὀμ-ώμο-(σ)ται
ὀρύττω (grabe)		II. ὀρ-ώρυχ-α	ὀρ-ώρυγ-μαι

Einige mit kurzen Vokalen α ε ο anlautende Verba erhalten die sogenannte attische Reduplikation; das heifst: der anlautende Vokal nebst dem ihm folgenden Konsonanten tritt vor den reinen Stamm, und der Vokal der (nunmehr) zweiten Silbe wird gedehnt.

Anm. Im Plusq. nehmen die Verba mit Anlaut ε nie, die mit ο nur zuweilen ein Augment an; z. B. ἐληλύθειν, ἀπ-ολώλειν und ἀπ-ωλώλειν; dagegen heifst es von ἀκούω stets ἠκηκόειν.

§ 43. Übersicht der Tempusbildung des regelmäfsigen Verbums.

I. Verba vocalia.

Praesens	Stamm	Futurum A. M.	Aor. A. M.	Perf. A.	Perf. M. P.	Aor. P.
παιδεύω	παιδευ	παιδεύσω	ἐπαίδευσα	πεπαίδευκα	πεπαίδευμαι	ἐπαιδεύθην
τιμῶ	τιμα	τιμήσω	ἐτίμησα	τετίμηκα	τετίμημαι	ἐτιμήθην
δρῶ	δρα	δράσω	ἔδρασα	δέδρᾱκα	δέδρᾱμαι	ἐδράσθην
γελῶ	γελα	γελάσομαι	ἐγέλασα	γεγέλακα	γεγέλασμαι	ἐγελάσθην
χρῶμαι	χρα	χρήσομαι	ἐχρησάμην		κέχρημαι	
ποιῶ	ποιε	ποιήσω	ἐποίησα	πεποίηκα	πεποίημαι	ἐποιήθην
τελῶ	τελε	τελῶ	ἐτέλεσα	τετέλεκα	τετέλεσμαι	ἐτελέσθην
δουλῶ	δουλο	δουλώσω	ἐδούλωσα	δεδούλωκα	δεδούλωμαι	ἐδουλώθην
ἀκούω	ἀκου	ἀκούσομαι	ἤκουσα	ἀκήκοα	ἤκουσμαι	ἠκούσθην
καίω	καυ	καύσω	ἔκαυσα	κέκαυκα	κέκαυμαι	ἐκαύθην

II. Verba muta.

Praesens	Stamm	Futurum A. M.	Aor. A. M.	Perf. A.	Perf. M. P.	Aor. P.
a. γράφω	γραφ	γράψω	ἐγράψα	γέγραφα	γέγραμμαι	ἐγράφην
κόπτω	κοπ	κόψω	ἔκοψα	κέκοφα	κέκομμαι	ἐκόπην
βλάπτω	βλαβ	βλάψω	ἐβλάψα	βέβλαφα	βέβλαμμαι	I. ἐβλάφθην II. ἐβλάβην
θάπτω	ταφ	θάψω	ἔθαψα		τέθαμμαι	ἐτάφην
τρέπω	τρεπ	τρέψω	ἔτρεψα	τέτροφα	τέτραμμαι	I. ἐτρέφθην II. ἐτράπην
τρέφω	τρεφ	θρέψω	ἔθρεψα	τέτροφα	τέθραμμαι	ἐτράφην
κλέπτω	κλεπ	κλέψω	ἔκλεψα	κέκλοφα	κέκλεμμαι	ἐκλάπην
b. διώκω	διωκ	διώξομαι	ἐδίωξα	δεδίωχα	δεδίωγμαι	ἐδιώχθην
τάττω	ταγ	τάξω	ἔταξα	τέταχα	τέταγμαι	ἐτάχθην
ὀρύττω	ὀρυχ	ὀρύξω	ὤρυξα	ὀρώρυχα	ὀρώρυγμαι	ὠρύχθην
στίζω	στιγ	στίξω	ἔστιξα		ἔστιγμαι	ἐστίχθην
σφίγγω	σφιγγ	σφίγξω	ἔσφιγξα		ἔσφιγμαι	ἐσφίγχθην
κλάζω	κλαγγ	κλάγξω	ἔκλαγξα	κέκλαγγα		
ἄγω	ἀγ	ἄξω	ἤγαγον	ἦχα	ἦγμαι	ἤχθην
c. ψεύδω	ψευδ	ψεύσω	ἔψευσα		ἔψευσμαι	ἐψεύσθην
σκευάζω	σκευαδ	σκευάσω	ἐσκεύασα	ἐσκεύακα	ἐσκεύασμαι	ἐσκευάσθην
κομίζω	κομιδ	κομιῶ, εἶς, εῖ κομισοῦμαι, εῖ, εῖται	ἐκόμισα	κεκόμικα	κεκόμισμαι	ἐκομίσθην
σχίζω	σχιδ	σχίσω	ἔσχισα		ἔσχισμαι	ἐσχίσθην
πλάττω	πλατ	πλάσω	ἔπλασα	πέπλακα	πέπλασμαι	ἐπλάσθην

III. Verba liquida.

Praesens	Stamm	Futurum A. M.	Aor. A. M.	Perf. A.	Perf. M. P.	Aor. P.
δέρω	δερ	δερῶ	ἔδειρα	δέδαρκα	δέδαρμαι	ἐδάρην
σπείρω	σπερ	σπερῶ	ἔσπειρα	ἔσπαρκα	ἔσπαρμαι	ἐσπάρην
αἴρω	ἀρ	ἀρῶ	ἦρα	ἦρκα	ἦρμαι	ἤρθην
φαίνω	φαν	φανῶ	ἔφηνα	I. πέφαγκα II. πέφηνα	πέφασμαι	I. ἐφάνθην II. ἐφάνην
μιαίνω	μιαν	μιανῶ	ἐμίανα	μεμίαγκα	μεμίασμαι	ἐμιάνθην
ἀγγέλλω	ἀγγελ	ἀγγελῶ	ἤγγειλα	ἤγγελκα	ἤγγελμαι	ἠγγέλθην
κρίνω	κριν u. κρι	κρινῶ	ἔκρινα	κέκρικα	κέκρῐμαι	ἐκρίθην
τείνω	τεν u. τα	τενῶ	ἔτεινα	τέτακα	τέταμαι	ἐτάθην
βάλλω	βαλ u. βλη	βαλῶ	ἔβαλον	βέβληκα	βέβλημαι	ἐβλήθην
ἐγείρω	ἐγερ	ἐγερῶ	A. ἤγειρα M. ἠγρόμην	I. ἐγήγερκα II. ἐγρήγορα	ἐγήγερμαι	ἠγέρθην.